Manuel Stork
Der historische Jesus aus Nazareth
So lebte er wirklich!
(2. überarbeitete Auflage)

Jasmins Vater starrte ein paar Meter vor sich auf die dichten Büsche, die den Garten gegen das Feld abgrenzten, und sah den Insekten zu, die sich dort tummelten. Er wischte sich die Tränen ab. Dann goss er sich das Glas wieder voll und stellte die Flasche neben sich auf den Boden. Zupko sah wieder auf den Brief und las ihn noch einmal. Danach zerknüllte er ihn in der Hand und nahm einen Schluck aus seinem Glas.

»Viel Glück, Maus!«, murmelte er leise vor sich hin. Langsam merkte er die angenehme Wirkung des Alkohols, Zupko lehnte sich zurück und sah in den Himmel. Weit oben, am wolkenlosen Himmel, zog ein Bussard seine Runden auf der Suche nach Beute. Raubtiere, dachte er. Sind wir auch welche? Er nippte an seinem Whiskeyglas und musste unwillkürlich lächeln, als er sich die Frage beantwortete: »Ja, ich denke schon.«

ENDE

Manuel Stork

Der historische Jesus aus Nazareth

So lebte er wirklich!

**Bibliografische Information der Deutschen
Nationalbibliothek**
Die Deutsche Nationalbibliothek verzeichnet diese
Publikation in der Deutschen Nationalbibliografie; detaillierte
bibliografische Daten sind im Internet über
http://dnb.d-nb.de abrufbar

©2008 Manuel Stork
(2. überarbeitete und ergänzte Auflage 2011)

Herstellung und Verlag: Books on Demand GmbH, Norderstedt
Foto: Christelle Ganne-Chédeville / aboutpixel.de

ISBN 9783837083477

Für die Lektüre dieses Buches ist eine Grundkenntnis der Evangelien hilfreich. Wichtige Stellen sind jedoch mit Bibelzitaten oder Verweisen auf die Bibel ausgestattet, sodass es auch Lesern, die weniger bibelfest sind, möglich sein sollte, den aufgeführten Gedankengängen zu folgen.

Neu eingeführte, unbekannte Wörter sind markiert und werden in dem Kapitel „Erklärungen" näher erläutert.
Fett gedruckte Wörter *sind die Schlagwörter der jeweiligen Kapiteln.*

Die Bibelstellen sind, soweit nicht anders angegeben, der Einheitsübersetzung[1] (1980) entnommen.

---

[1] Einheitsübersetzung der Heiligen Schrift, Stuttgart, Katholische Bibelanstalt 1980.

Inhalt

Vorwort

Es ist der 7. April des Jahres 30. Wir befinden uns in der Heiligen Stadt Jerusalem, genauer gesagt auf einem kleinen Hügel, der außerhalb der Stadtmauern liegt und Schädelhöhe genannt wird.

Um uns herum sind viele Menschen versammelt, die mit uns aus einiger Entfernung unterhalb des Hügels die Hinrichtung eines Mannes aus Nazareth anschauen wollen. Unter der Begleitung bewaffneter römischer Soldaten quält sich der Mann die kleine Anhebung hinauf. Er trägt den Querbalken seines Kreuzes auf den Schultern, an welches er in wenigen Augenblicken genagelt werden soll. Der Mann ist von unzähligen Wunden gezeichnet und trägt eine Krone aus Dornengehölz auf dem Kopf. Weinende Frauen begleiten ihn. Im Hintergrund kann man innerhalb der Stadt ein reges Treiben beobachten. Die Menschen bereiten sich auf das Paschafest vor, welches in wenigen Stunden beginnt. Ein milder Wind weht ihre Stimmen zum Berg hinauf. Oben treffen Soldaten die letzten Vorbereitungen für die Kreuzigung. Nun können wir ihn mit eigenen Augen hautnah sehen! Den Mann, der unzählige Wunder vollbracht haben soll. Den Mann, der es wagte, sich gegen die römische Besatzungsmacht zu stellen. Den Mann, den in 2000 Jahren alle Menschen auf der Erde kennen und über 2 Milliarden von ihnen als Sohn Gottes verehren werden: Jesus!

Dieser Mensch geht an uns vorbei, seinem Tod entgegen. Er blickt zu uns hinüber und sieht uns. Er weiß, dass wir nicht von hier sind, sondern aus einer anderen Zeit stammen. Er weiß, dass wir die Zukunft kennen. Er lächelt uns zu.

Jesus Christus ist die wohl bekannteste historische Figur weltweit, sowohl unter gläubigen als auch unter nicht gläubigen Menschen. Schon Kinder beantworten die Frage, wer Jesus war, mit Aussagen wie: „Ein Mann mit Bart, der anderen Menschen geholfen hat" – „Ein Mann der Kranke geheilt hat" – „Der Sohn Gottes". Man scheint also viel über den jungen Mann aus dem östlichen Mittelmeerraum zu wissen. Mit der fortschreitenden Technisierung ist es immer mehr möglich, eine Zeitreise in das Land des heutigen Palästinas zu unternehmen und das sichtbar zu machen, was zwei Jahrtausende verborgen lag. Es kursieren vielerlei Vermutungen und Ansichten in den Köpfen der Menschen, die schon längst durch neue wissenschaftliche Erkenntnisse widerlegt werden konnten. Jesus wird in der Bibel in bestimmter Weise dargestellt, aber es gibt viele neue Erkenntnisse zu seinem Leben und zu seiner Person, die dem teilweise widersprechen.

Jesus war in seiner Zeit vermutlich noch nicht der weltbekannte Superstar, den wir heute kennen. „Jesus" war vielmehr der Name eines jungen Mannes aus der Provinz Galiläa im damaligen Palästina, der zweifellos in seiner Heimat von sich reden machte, da er in der Lage war, Krankheiten zu heilen. Erst viele Jahre nach seinem Tod, mit der Entstehung und Verbreitung seiner Lebensgeschichte, den Evangelien, wurde diese Person zu einem wirklichen Star, ja zu einem Held.

Es ist zugegeben wenig über das Leben und Wirken dieses Mannes bekannt. Allein das führt zu einem starken wissenschaftlichen Interesse aufzuklären, was vor über 2000 Jahren wirklich in dem Gebiet des östlichen

9

Mittelmeerraumes passiert ist und wer Jesus wirklich war. War er wirklich ein so Aufsehen erregender Typ, wie uns die Evangelien berichten? Bis heute beißen sich die Wissenschaftler die Zähne an ihm aus. Deshalb stützt man sich zur Vereinfachung oftmals wortgetreu auf die Aussagen der Evangelien, wenn keine anderen Hinweise vorliegen. Zwar ist dieser Blickwinkel heutzutage nicht mehr so fundamentalistisch ausgeprägt, wie in früheren Jahren, doch weiß der Normalbürger heute immer noch relativ wenig über das wahre Leben Jesu.

Ansätze, dieses zu ändern, gibt es viele. Einige sind äußerst zaghaft und bewegen sich noch immer relativ nahe an den biblischen Aussagen. Andere lassen sich, wie etliche Verschwörungstheorien, als maßlos übertrieben klassifizieren und führen sogar soweit, dass u. a. von einem geheimen Code in der Bibel die Rede ist, der mithilfe modernster Entschlüsselungstechnik Zukunftsvisionen zum Vorschein bringen kann. Kaum ist eine Sache unerklärbar und mystisch, da treten Sensationsschriftsteller auf, die versuchen, aus dem schwer Erklärbaren eine spannende Geschichte zu stricken und diese als versteckte Wahrheit zu publizieren. Der Erfolg ist, aufgrund der Sensationslust der Menschen, oftmals vorprogrammiert.

Es lassen sich interessante Fragen stellen: Sind die Evangelien mehr als bloße Zeugnisse des wohl populärsten Menschen aller Zeiten? Was sagen das geheimnisvolle Thomasevangelium und andere Evangelien aus, die nicht zum biblischen Kanon gehören und somit gerne verschwiegen werden? Was wird dem gläubigen Normalbürger vorenthalten und aus welchem Grund? Warum hütet die Katholische

Kirche angeblich geheime Schriften im Hochsicherheitstrakt des Vatikans? Gibt es womöglich genauste Hinweise von Zeitzeugen darauf, was wirklich zu der damaligen Zeit in und um Jerusalem herum passiert ist und was Jesus wirklich erreichen wollte? Oder ist das, was wir in den Evangelien lesen alles nur erfunden und somit die Bibel lediglich ein altes, unterhaltsames Märchenbuch?

Letzteres soll schon jetzt klar und deutlich beantwortet werden: Jesus gab es wirklich! Er ist keine reine Erfindung, sondern hat wirklich gelebt. Wissenschaftliche Beweise gibt es dafür genügend. Damit ist nur noch die Frage zu beantwortet, wie er gelebt hat und vor allem, was das Besondere an seiner Person war.

Ein Teil der zuvor aufgekommenen Fragen soll im Folgenden anhand aktueller wissenschaftlicher Untersuchungen genauer betrachtet werden, um ein möglichst genaues und neutrales Bild von Jesus zu erhalten. Es soll darüber aufgeklärt werden, wer Jesus war, um dadurch vielleicht unabhängig von kirchlichen Lehren das Bild dieser Person, aus einer neuen Sicht zu definieren. Vielleicht wollten uns die Evangelisten und Jesus viel mehr sagen, als oberflächliche Betrachtungen der Evangelien vermuten lassen.

Leider hat Jesus selbst über sein Leben nichts geschrieben, sonst wäre für uns heute vieles leichter. Wir würden in eine Buchhandlung gehen, uns die Autobiografie „Jesu Christ – Superstar" holen und könnten genau nachlesen, wie er damals gelebt, gefühlt und geliebt hat. Wir hätten dann ein besseres Grundgerüst, als wir es jetzt haben, wo wir jeden kleinen Hinweis aus vielen Quellen zu einem vollständigen Bild zusammenpuzzeln müssen. Ein weiteres Hindernis ist zudem, dass wir von diesem großen Puzzle des Lebens Jesu nur wenige Puzzleteile besitzen und somit oftmals nur vermuten können, was das Puzzlebild darstellen soll. Wir müssen das Puzzle also logisch ergänzen können. Das soll jedoch im Folgenden möglichst vermieden werden. Es ist nämlich nicht der Sinn der Wissenschaft, sich etwas Unbekanntes durch Vermutungen und Erfindungen zurecht zu biegen, sondern das, was wir aus den Ergebnissen der modernen Wissenschaft wirklich über Jesus wissen, plausibel zu schildern. Ganz ohne beweislose aber logische Ergänzungen unschlüssiger Stellen, geht es aber leider nicht.

Es ist uns nicht möglich eine Zeitreise, wie sie oben unternommen wurde, zu machen, um den Star aus den Evangelien persönlich zu treffen und ihn über sein Leben zu befragen. Wir müssen daher auf Bücher, Filme und sonstige Medien zurückgreifen, um etwas über den Menschen Jesus zu erfahren. Hierbei stößt man immer wieder auf Werke, die sich die Frage nach dem wirklichen Leben Jesu stellen. Viele betrachten dazu markante Passagen, wie etwa die Geburt Jesu oder die Kreuzigung. Andere berichten über sein ganzes Leben und bilden seine Geschichte anhand von wissenschaftlichen Erkenntnissen und Spekulationen ab. Dieses Buch ist so ausgelegt, dass es sich möglichst an die wissenschaftlich erwiesenen und anerkannten Fakten hält und somit ein möglichst reales Bild dieser legendären Person zu schaffen versucht. Es kann natürlich aufgrund der langen Zeitspanne von 2000 Jahren keine wirkliche Garantie dafür geben, dass diese Erkenntnisse unumgänglich richtig sind, aber es gibt viele Ansätze und Hinweise, die bei der Rekonstruktion der damaligen Geschehnisse helfen und sich eigentlich nicht irren können. Es ist interessant zu hinterfragen, was die Forschung heute wirklich weiß und selbst der Frage nachgehen zu können, warum die Evangelien nur zu einem geringen Teil auf Wahrheiten beruhen. Es wird heute vermutet, dass nur etwa 20 % der Evangelien einen historischen Hintergrund haben. Demnach sind rund 80% der Erzählungen unterhaltsame Erfindungen der Evangelisten.

Mit Erschrecken werden nun viele Leser das in Gefahr sehen, was sie jahrelang geglaubt haben, was sich bereits in der Kindheit in ihr Gedächtnis gebrannt hat. Doch auch der Glaube geht mit der Zeit und muss dies tun, weil heute viele Dinge, die vor Jahrzehnten noch unbekannt waren, wissenschaftlich erschlossen sind. Es soll jedoch in den folgenden Kapiteln nicht versucht werden, den Glauben des Lesers zu beeinflussen oder gar zu gefährden. Es sollte aber jedem Gläubigen wichtig sein, dass der Glaube auf einem Fundament steht, das ihn nicht wanken und zerbrechen lässt, wenn wir versuchen, ihn zu hinterfragen. Glaube und Wissenschaft sind dabei nicht gleichzusetzen. Vielmehr beginnt der Glaube da, wo der Wissenschaft die Erklärungen fehlen. Trotz wissenschaftlicher Fortschritte ist der Glaube unerlässlich, ja das Herz jeder Religion. Wissenschaftliche Beweise verschieben lediglich den Punkt, an dem der Glauben ansetzt, ersetzen ihn aber keineswegs. Somit kann weder die Wissenschaft ohne den Glauben, noch der Glaube ohne die Wissenschaft zufrieden stellende Ergebnisse erzielen. Beide müssen mit der Zeit gehen, um sich nicht in die Gefahr zu begeben, veraltet zu wirken. Glaube kann zudem nie Wissen sein, genauso wie Wissen auch nicht

Glaube ist. Es sind sich ergänzende Bereiche. Je harmonischer ihr Zusammenspiel ist, desto wertvoller können wissenschaftliche Fakten und Glaubensvorstellungen für uns sein.

In den Geschichten der Bibel befindet sich zweifellos immer ein mehr oder weniger großes Stück Wahrheit. Zu welchem Zweck jedoch die überwiegende Menge der Erzählungen erfunden worden ist und warum die Kirche sich teilweise nur schleppend mit den wissenschaftlich fundierten Fakten auseinandersetzt, ist ebenso interessant zu analysieren, wie die Frage nach dem historischen Umfeld Jesu und seinem Einfluss auf die Menschen seiner Zeit, bis hinein in die Gegenwart. Kurz, kompakt und leicht verständlich sollen die folgenden Kapitel das wiedergeben, was wir heute von Jesus und seinem Umfeld, seinen Freunden, seinem Verhältnis zum weiblichen Geschlecht, seinem Wirken, kurz gesagt von seinem Leben wissen. Dieses Wissen ist der eigentliche Schlüssel zum richtigen Verständnis der Evangelien, ohne welches der jesuanische Glaube und somit der Glaube des gesamten Christentums nicht nachvollziehbar ist. Zwar können der Glaube und die Erinnerung an Jesus viele Gesichter haben, doch sollten diese nicht auf Lügen aufbauen. Wie unverständlich und abweisend ist doch eine Theologie, die von einem Jesus berichtet, der über das Wasser gehen und Wasser zu Wein verwandeln konnte. Es ist viel zu einfach, die Bibel wörtlich auszulegen und das Wundersame und Unmögliche als unerklärliches Faktum abzustempeln. Geschieht dies, so besteht die Gefahr, dass wir Jesus und seine Botschaft, sowie die Botschaft der Evangelisten missverstehen. Was ist falsch daran, ein

14

Wandeln Jesu auf dem Wasser als Erfindung abzutun, wenn sich dabei der wahre Kern jener evangeliaren Verkündigung eröffnet? Viel zu lange kreisten in unseren Köpfen Bilder von Jesus, dem gottähnlichen Mann, der bei näherer Betrachtung auch nur ein Mensch wie jeder andere war, aber mit seiner besonderen Hingabe bis hin zum Märtyrertod seine unnachahmliche Liebe zu Gott öffentlich zeigte und aus ihr Kraft schöpfen konnte. Er gab und gibt uns bis heute ein Beispiel dafür, dass allein durch die Liebe zu Gott und den Mitmenschen ein Leben ohne Gewalt möglich ist. Dabei war er selbst nicht frei von Schwächen, was uns die Bibel an vielen Stellen zeigt. Als besondere Szene, die sowohl die Hingabe zu Gott, als auch die menschliche Schwachheit Jesu zeigt, ist die Szene aus dem Markusevangelium zu sehen, in der Jesus, in Vorahnung seines Todes und der damit verbundenen menschlichen Verzweiflung, Gott regelrecht zu kritisieren scheint, wenn er in aramäischer Sprache ruft: „Eloi, Eloi, lema sabachtani?", was soviel heißt wie: „Mein Gott, mein Gott, warum hast du mich verlassen?" (Mk 15,34). Diese Stelle ist im Übrigen eine der wenigen, die auf die Sprache Jesu, das Aramäische zurückgreift. Zudem nimmt sie einen Vers aus dem alttestamentlichen Psalm 22 auf, in dem es ebenso heißt: „Mein Gott, mein Gott, warum hast du mich verlassen" (Ps 22,2).

Die Besonderheit Jesu wird im Christentum erst durch seinen Tod und seine Auferstehung greifbar. Auch wenn wir Letzteres bei der Prüfung der geschichtlichen Ereignisse zunächst ausklammern, bleibt selbst im historischen Verständnis des Lebens Jesu immer sein Tod als markantestes Beispiel für seine ganz besondere

Lebenseinstellung. Somit ist es also besonders wichtig, die wirklichen Umstände seines Todes aufzuklären.

Trotz eines zeitlich respektablen Abstandes zur damaligen Geschichte, schlüpfen die Wissenschaftler heute noch in die Rolle von Kriminaltechnikern und Kriminalpsychologen, um zu klären, was damals wirklich passiert ist, wer Jesu Mörder waren und worin das Motiv für seine Ermordung lag.

Nicht selten gelangen sie dabei zu dem Urteil, dass Jesus einer Verschwörung zum Opfer gefallen ist, ohne die ein Todesurteil womöglich nie gesprochen worden und Jesus, wenn überhaupt, nur mit geringeren Strafen belegt worden wäre.

In den folgenden Kapiteln soll das Leben Jesu chronologisch unter die Lupe genommen werden. Dazu begeben wir uns zunächst in die Zeit seiner Geburt, die in den Evangelien auch schon mit so mancherlei Besonderheiten ausgeschmückt ist, was erahnen lässt, dass Jesus wirklich ein spezieller Mensch war – zumindest aus der Sicht der Evangelisten. Dann schließen sich die Jugendjahre an, um letztendlich die spannenden Umstände des Todes Jesu zu beleuchten.

Die Evangelien

Die Evangelien müssen bezüglich ihrer Historizität mit Vorsicht betrachtet werden, da sie erst eine beachtliche Zeit nach Jesu Tod aufgeschrieben worden sind. Als frühestes Evangelium gilt das Markusevangelium, welches etwa 70 Jahre nach der Geburt Jesu verfasst worden sein soll. Zuvor wurden die Geschichten mündlich weitergegeben. Natürlich geschah dies nicht in Form eines vollständigen Evangeliums, sondern mittels vieler kleiner Einzelgeschichten. Ihnen ist bestimmt das „Stille-Post-Prinzip" bekannt, das auch in diesem Fall Verwendung fand. Gerade bei längeren Texten konnte der Erzähler das zuvor Gehörte natürlich nicht in allen Details wiedergeben. Nach wissenschaftlichen Erkenntnissen wird jedoch einem Text, wenn er überliefert wird, eher etwas hinzugefügt und seltener etwas von diesem weggelassen. Bei der Bibel müssen wir von beiden Verfälschungsarten ausgehen. Einerseits stoßen wir in den Evangelien auf viele Passagen, die schlichtweg Erfindungen der Personen der damaligen Zeit sind und andererseits sind anscheinend mehrere Teile der Ursprungsevangelien auf ihrer langen Überlieferungsreise verloren gegangen. Wäre dies nicht der Fall gewesen oder hätten die Evangelisten damals ihre Version der Geschichten so speichern können, dass wir heute Zugriff auf das Originalmaterial hätten, was wüssten wir dann alles über die Lebensgeschichte Jesu? Welche Dinge bewirkte er, die mittlerweile in Vergessenheit geraten sind? Aufgrund der These, dass den Texten im Laufe der Jahrhunderte mehr hinzugedichtet als weggelassen wurde, wird angenommen, dass der kürzeste Text der biblischen

Evangelien auch gleichzeitig der älteste ist. Dieses trifft auf das Markusevangelium zu. Der Autor, wahrscheinlich ein gewisser Johannes Markus, Vetter des Barnabas und Mitarbeiter des Paulus, verfasste sein Evangelium um ca. 70 n. Chr. in Rom, also in der Zeit der Zerstörung des Jerusalemer Tempels, kurz vor seinem Tod. Es gibt hier kleinere Diskrepanzen, weil das Todesjahr des Markus auf 68 n. Chr. geschätzt wird, die Zerstörung des Jerusalemer Tempels (70 n. Chr.) aber seinem Evangelium schon zugrunde liegt, da er schreibt: „Als Jesus den Tempel verließ, sagte einer von seinen Jüngern zu ihm: Meister, sieh, was für Steine und was für Bauten! Jesus sagte zu ihm: Siehst du diese großen Bauten? Kein Stein wird auf dem andern bleiben, alles wird niedergerissen" (Mk 13, 1-2). Grund für die Diskrepanz ist vermutlich eine ungenaue Terminierung des wirklichen Todesjahres des Evangelisten oder eine spätere Hinzufügung der Passage, in welcher der Evangelist auf die Zerstörung des Tempel verweist.

Markus war neben dem Evangelisten Matthäus, der vermutlich oft fälschlicherweise auch mit dem Jünger Jesu gleichgesetzt wird, und Lukas, einem aus der syrischen Provinzhauptstadt Antiochia stammenden Arzt, einer der drei biblischen Synoptiker. Ein weiterer Evangelist, der Verfasser des Johannesevangeliums, welches wahrscheinlich zwischen 80 und 100 n. Chr. verfasst wurde, wird dabei ein wenig außen vor gelassen. Sein Evangelium ist nicht synoptisch zu den drei anderen, da seine Quellenlage etwas anders ist und sich beispielsweise nicht auf das frühe Markusevangelium bezieht, wie es bei Lukas und Matthäus der Fall ist. Das

Johannesevangelium ist weniger interessant im Bezug auf den historischen Jesus, sondern legt seinen Schwerpunkt auf den göttlichen, den nachösterlichen Jesus.

Häufig findet sich die Behauptung, dass die Evangelisten Johannes und Matthäus identisch mit den gleichnamigen Jüngern Jesu seien. Liest man die Bibel genauer, so scheint sich diese Annahme sogar zu bestätigen. Trotzdem ist dies nicht sonderlich wahrscheinlich, weil die Zeitspanne zwischen der Jüngerschaft und dem Schreiben der Evangelien nicht gerade gering gewesen wäre. Es ist nicht wirklich sicher, wann die einzelnen Evangelien entstanden sind, doch müsste Matthäus schon zwischen 70 und 80 Jahre und Johannes sogar um die 90 Jahre alt gewesen sein, als sie die Evangelien aufschrieben. Das ist aufgrund der bedeutend niedrigeren Lebenserwartungen der damaligen Zeit im Gegensatz zu heute äußerst unwahrscheinlich. Bernhard Lang verweist in seinem Buch „Die Bibel" auf die Zweiquellentheorie, die es ausschließen lässt, dass der Evangelist Matthäus auch der Jünger Jesu war. Nach der Zweiquellentheorie haben Lukas und Matthäus bereits auf das Markusevangelium zurückgegriffen und daraus, sowie aus ihrem Sondergut, eigenständige Evangelien geschaffen. Warum sollte Matthäus auf ein bestehendes Evangelium zurückgegriffen haben, wenn er als Jünger Jesu doch live beim Geschehen dabei war und es hätte besser wissen müssen? Somit ist es sowohl bei Johannes, als auch bei Matthäus unwahrscheinlich, dass sie Jesus direkt kannten.

Auch Markus wird oft als Jünger Jesu und Evangelist charakterisiert. Markus verstarb vermutlich um 68 n. Chr.. Bei ihm wäre es also möglich, dass er beide Funktionen inne hatte, zumal er auch aus Sicht der Zweiquellentheorie der erste der biblischen Evangelisten war, der sein Evangelium verfasste. Jedoch gibt es dafür keine eindeutigen Beweise, sodass es auch hier vermutlich keine Parallele zwischen Jünger und Evangelist gibt.

Die geheimnisvolle **Quelle Q**, die sowohl Matthäus als auch Lukas vorlag und die Aussprüche Jesu beinhaltet haben muss, war dem Autor des Johannesevangeliums nicht bekannt. Die Wissenschaft kann inhaltlich über die Quelle Q nur Mutmaßungen anstellen, da diese als verloren gegangen gilt. Wie das Markusevangelium, so war die Spruchsammlung Q in griechischer Schrift verfasst. Johannes besaß jedoch eine Quelle, die vor allem von Jesu Wirken in Jerusalem und Samarien und von seinen Reisen berichtet haben muss. Auch das Markusevangelium hatte seine eigenen Quellen. Matthäus und Lukas lag wiederum mit großer Wahrscheinlichkeit das Markusevangelium, die rätselhafte Quelle Q und noch jeweils individuelles Sondergut vor, dessen Inhalt zu einer markanten Differenz zwischen den beiden Evangelien führte.

Vergleicht man nun die drei Synoptiker Markus, Matthäus und Lukas mit dem Wissenshintergrund, dass die drei Evangelien nacheinander entstanden sind, wobei sich das Matthäus- und das Lukasevangelium nicht aufeinander berufen, lässt sich auch gut herausfiltern, welche Aspekte den ursprünglichen Geschichten hinzugedichtet oder entnommen worden sind. Zudem wurden auch später, nach Verfassung der Evangelien, noch einige Veränderungen vorgenommen. Eine häufige Fehlerquelle liegt hier bei den Übersetzern, die den ursprünglich hebräischen Text ins

Griechische und später auch in die lateinische Sprache übersetzten.

Bis ins 16. Jahrhundert hinein konnten diese Werke nur handschriftlich verfasst und vervielfältigt werden, da erst hier der Buchdruck in Deutschland etabliert wurde. Johannes Gutenberg hatte zuvor im 15. Jahrhundert den maschinellen Buchdruck mit beweglichen Lettern erfunden, der es auch ermöglichte, die Bibel einer breiten Masse zugänglich zu machen. Die erste deutsche Bibelübersetzung, die sich dieser Massenproduktion bediente war die Bibelübersetzung Luthers.

Die Bibel wurde von da an zum erfolgreichsten Buch der Welt und Jesus mit seinen Wundern zum „Superstar".

Die Person „Jesus"

Zunächst muss eines festgehalten werden: Jesus war ein Phänomen! Er war zu der damaligen Zeit eine Person, über die viel geredet und nachweislich auch einiges geschrieben wurde. Speziell Letzteres ist für den Sohn eines einfachen Handwerkers, wie es sein Vater Joseph war, äußerst unüblich. Das Erstaunliche ist, dass selbst heute, 2000 Jahre nach seinem Wirken immer noch eine solche Faszination von der Person Jesu ausgeht, dass schon alleine dieses an ein Wunder grenzt. Schreiben war zu der damaligen Zeit umständlich und teuer. Deshalb wurde meist nur über Könige und andere nennenswerte Personen geschrieben, aber normalerweise nicht über den Sohn eines Zimmermanns. Es muss also etwas Besonderes an dieser einfachen Person gewesen sein, dass die zeitgenössischen Schreiber und die Evangelisten veranlasst hat, über Jesus zu berichten.

Bevor wir die Geschichte genauer betrachten, müssen wir zunächst eine grundlegende Sache klären: Wenn vom Sohn Gottes gesprochen wird, dann relativ häufig durch Verwendung von „**Jesus Christus**" als einen Namen. Dabei ist dies nicht einfach ein Name, wie Martin Müller oder Max Mustermann, sondern viel mehr! In der damaligen Zeit war unser heutiges Benennungssystem mit Vor- und Nachname noch nicht bekannt. Dem Vornamen wurde zu jener Zeit, sowohl in der Region des Wirkens Jesu, als auch im gesamten Römischen Reich, immer eine Art Titel oder auch Kurzbeschreibung der Person hinzugefügt. Aus der Bibel kennen wir beispielsweise „Joseph der Zimmermann", den Vater Jesu. Hier sind der eigentliche Name Joseph und der auf seinen Beruf bezogenen Titel „Zimmermann" vereint. Ein solches Benennungssystem brachte den Vorteil mit, dass man zu der damaligen Zeit schon anhand des Namens erkennen konnte, mit wem man es zu tun hatte, ja vor allem, welchem Stand diese Person angehörte. Ein Zimmermann gehörte zum Beispiel meistens der Mittelschicht an. Bei anderen Vornamen wurde der Geburtsort der Person oder auch ein besonderes Merkmal hinzugefügt. Wir kennen aus späterer Zeit exemplarisch den Namen „Karl der Große", der diesem aufgrund seiner Größe gegeben wurde.

Aber was bedeutet dann „Jesus Christus"? Als Herkunftsort oder Persönlichkeitsmerkmal wird „Christus" ja vermutlich nicht verwendet worden sein. In diesem Fall handelt es sich eben nicht um ein solches Gefüge wie bei „Joseph der Zimmermann" oder „Karl der Große". Zwar ist der lateinisierte Name „Jesus" der wirkliche Name der Person, die die Hauptrolle in den Evangelien spielt, doch bei „Christus" handelt es sich um einen Titel, der auf der nachösterlichen Erfahrung, also auf den Geschehnissen der Auferstehung und der Himmelfahrt beruht. Es ist also ein Titel, den wir aus unserem Glauben an die Auferstehung und die Gottessohnschaft der biblischen Person, dem auferstandenen Jesus zusprechen. Er resultiert aus dem Teil der Erzählung, der neben den Wundergeschichten zu den unerklärlichsten und somit scheinbar unwirklichsten Passagen des Lebens Jesu zählt. Es handelt sich bei dem Titel „Christus" um einen Würdenamen, der soviel bedeutet wie „der Gesalbte". Im Hebräischen ist das der synonym verwendbare Titel „Messias". Die Betitelung zeigt wieder den besonderen Stellenwert der Person Jesu an. Der Messias wurde nämlich schon im Alten Testament als der Erlöser der Welt angekündigt. Die Erlösung war der hingabevolle Tod Jesu am Kreuz, was für ihn die Berechtigung war, diesen Titel zugesprochen zu bekommen. Wenn wir also von der historischen Person sprechen, so sollte man den Würdenamen Christus außen vor lassen. Zur damaligen Zeit war sein Name, wenn man sich an die Angaben in der Bibel hält, schlichtweg „Jesus, Sohn des Zimmermanns". War er in anderen Gebieten als in seiner Heimat unterwegs, hat man ihn vielleicht auch „Jesus von Nazareth", also nach seiner Herkunft benannt, wie es auch die, bei der Hinrichtung Jesu dargestellte Kreuzestafel vermuten lässt, welche die Inschrift „Jesus von Nazareth, König der Juden" beinhaltet haben soll.

Wer war nun dieser Jesus wirklich und was versuchte er uns zu sagen?

Die Kirche orientiert sich in solchen Fragen stark an den biblischen Evangelien. Diese enthalten jedoch nur wenige Details über das wirkliche Leben Jesu. Sie sind vielmehr aus der Sicht des auferstandenen Jesus zu verstehen, in denen dieser den Prophezeiungen des Alten Testamentes gerecht werden muss. Sie zielen weniger darauf ab, historische Fakten zu liefern und sind deshalb in Bezug auf ihren Wahrheitsgehalt mit äußerster Vorsicht zu genießen. Es wird heute vermutet, dass nur etwa 20 % der Geschichten in den Evangelien auf Tatsachen beruhen, also in etwa so vorgefallen sind, wie es die Bibel beschreibt. Das lässt aber nur einen kleinen Einblick in das historische Leben Jesu zu. Um diesbezüglich möglichst viel in Erfahrung bringen zu können, muss die Wissenschaft noch andere Zeitzeugen „befragen". Eine große Rolle spielt hier beispielsweise der jüdische Geschichtsschreiber Flavius Josephus (37 - 100 n. Chr.), der für uns heute ein wichtiger und bekannter Zeuge der unmittelbaren nachjesuanischen Zeit ist. Nähere Angaben zu seiner Person befinden sich im Kapitel über die „Zeugen Jesu". Flavius Josephus erwähnt in seinen Schriftstücken häufiger eine Person, die durch ihre besondere Wirkweise aufgefallen sein soll. Auch der von ihm erwähnte Name „Jeshua" bzw. „Joshua" deutet daraufhin, dass es sich in seinen Ausführungen mit höchster Wahrscheinlichkeit um den Jesus handelt, den wir heute noch aus den Überlieferungen der Bibel kennen. Anhand solcher Zeitzeugen oder Personen, die ihn zwar nicht mehr direkt kannten, aber nur wenige Jahrzehnte nach seinem Tod gelebt haben und auf ihn in Schriften Bezug nehmen, wie etwa Sueton oder Tacitus, ist es möglich, dem wahren Ich Jesu ein wenig näher zu kommen.

Im Zusammenhang mit der Figur Jesu stellt sich natürlich auch die Frage, ob dieser **lesen und schreiben** konnte, was durchaus umstritten ist, da im damaligen Römischen Reich nur etwa 10-15 % der Bevölkerung lesen und schreiben konnte, andererseits die Juden aber als „Volk der Schrift" galten. Für den Sohn eines einfachen Zimmermanns war es mit Sicherheit schwierig, eine Schule zu besuchen. Wenn wir es uns heute auch nur noch schwer vorstellen können, so war es zu jener Zeit üblich, dass Menschen, die nicht lesen und schreiben konnten, sich dadurch gebildet haben, dass sie anderen Menschen zuhörten, die ihr Wissen weitergaben. Jesus konnte somit die Geschichten und Prophezeiungen aus dem Alten Testament kennen, wenn beispielsweise seine Eltern ihm davon erzählten, was der Priester in der Synagoge berichtete bzw. wenn Jesus selbst in der Synagoge die Worte der Priester hörte. Die Evangelisten wollten vermutlich alles daran setzen, dass Jesus auch lesen und schreiben konnte, wo er doch der Verkünder der Gotteslehren war. Aus dem Grund veränderten sie womöglich auch ein wenig die Wortwahl Jesu, wenn sie Zitate aus der ihnen vermutlich vorliegenden Quelle der Jesusworte verwendeten. Auch die Reden und Aussagen sollten möglichst gebildet klingen. Doch aus Rekonstruktionsversuchen der so genannten Spruchquelle Q, die älter ist, als die Evangelien, lässt sich erkennen, dass Jesus wohl nicht so vornehm redete, wie es in der Bibel den Anschein hat. Im Gegensatz zu der Wortwahl der Evangelien, die zudem noch durch Übersetzungen deutlich verändert wurden, sprach Jesus vermutlich so, wie es zu dem Sohn eines Zimmermannes passte. Er sprach die Sprache des Durchschnittsbürgers, die Sprache des Volkes. Den Inhalt der Botschaft berührt dies jedoch nicht. Im Gegenteil: Jesus wollte, dass alle Menschen die Botschaft verstehen konnten.

Die vorherigen Überlegungen sollen jedoch nicht ausschließen, dass Jesus wirklich lesen und schreiben konnte. Wenn die Frage der Juden, die Jesus im Tempel lehren sahen, einen historischen Ansatz hat, ist dies sogar durchaus wahrscheinlich. Denn im Johannesevangelium fragen eben diese Juden: „Wie kann der die Schrift verstehen, ohne dafür ausgebildet zu sein?" (Joh 7,15). Jesus scheint also gebildet gewesen zu sein und konnte wohl auch ein wenig lesen und schreiben. Einen weiteren Hinweis finden wir dazu in Joh 8,6: „Jesus aber bückte sich und schrieb mit den Fingern auf die Erde". Es ist hier nicht vom Malen, sondern ausdrücklich vom Schreiben die Rede. Und auch die Stellen, in denen Jesus fragt: „Habt ihr nicht gelesen …" (Mt 12,3; Mt 12,5; Mk 12,10 usw.) deuten darauf hin, dass Jesus lesen und schreiben konnte. Kindern aus Familien, die nicht der Oberschicht angehörten, war es damals oftmals möglich in den Synagogen nicht nur die Thora zu hören, sondern auch das Lesen und Schreiben zu erlernen. Dieses ist vermutlich der Weg, auf dem Jesus diese Fähigkeit erlangte. Auch wenn das Predigen Jesu in Wirklichkeit nicht in der durch die Bibel dargestellten Form geschah, ist es doch interessant, dass die Evangelisten des Öfteren darauf hinweisen, dass Jesus belesen war und sich, in welchem Umfang auch immer, in der Schriftlehre verstand. Von seinen Eltern hat er dies mit größter

Wahrscheinlichkeit nicht lernen können. Bleibt also die Frage ob Jesus wirklich lesen und schreiben konnte oder ob die genannten Hinweise nur das Wunschdenken der Evangelisten widerspiegeln. Ersteres ist durchaus am wahrscheinlichsten zu werten. Wo und in welchem Umfang Jesu allerdings diese Gabe erlangte bleibt offen.

Auch wenn Jesus selbst lesen und schreiben konnte, so konnten viele seiner Zuhörer dies nicht, denn Jesus richtete seine Lehre oftmals an weniger wohlhabenden Menschen. Damit diese seine Lehre verstehen und auch behalten konnten, erzählte er sie in vielen kleinen Geschichten, die die Grundbotschaft von dem enthielten, was er eigentlich zum Ausdruck bringen wollte. Diese kleinen Geschichten kennen wir heute als Gleichnisse. Ob sie nun direkt auf Jesus oder auf die Evangelisten zurückzuführen sind, soll dabei zunächst außen vor gelassen werden.

An dieser Stelle sollte noch festgehalten werden, dass einige der Evangelisten möglicherweise die Heilige Familie, besonders Maria, persönlich gekannt haben konnten. Auch wenn es relativ unwahrscheinlich ist, so wird vom Evangelisten Matthäus sogar behauptet, dass er der Matthäus aus der Jüngerschaft Jesu gewesen sei, also ihm ganz nahe war. Begründend wird hierbei oft auf die Bergpredigt des Matthäusevangeliums verwiesen. Einige Wissenschaftler vermuten, dass Matthäus sie hautnah miterlebt haben könnte. Weitestgehend wird aber angenommen, dass der Evangelist nicht der Matthäus war, den wir aus dem Jüngerkreis kennen, sondern später gelebt und sein Evangelium um das Jahr 80 herum geschrieben hat.

Die anderen Evangelisten jedoch, besonders Lukas, der sehr

alt geworden sein soll († um 80 nach Chr.) und Markus († vermutlich um 68 nach Chr.) könnten sehr nahe am direkten Geschehen gewesen sein. Es ist auch annehmbar, dass sie direkten Kontakt zu Maria, der Mutter Jesu gehabt haben, bzw. mit ziemlicher Sicherheit zu Zeugen, die Jesus wirklich gesehen und erlebt haben.

Gibt es unter letzteren auch Zeugen, die das **Aussehen Jesu** beschreiben? Nein, weil es keine Beschreibungen gibt! Wir wissen nicht, wie Jesus ausgesehen hat. Weder in den Evangelien, noch in den Schriften der Geschichtsschreiber gibt es einen Hinweis auf das äußere Erscheinungsbild Jesu. Woher kommt also die heute oft so populäre Ansicht, dass Jesus ein schlanker Mann mit einem Vollbart gewesen sein soll? Dieses ist eine Erfindung und geht auf das Aussehen des bedeutendsten antiken Philosophen Sokrates (um 400 v. Chr.) zurück. Sokrates war ein wichtiger und hochintelligenter Mann. Diese Charakterisierung schrieb man Jesus auch zu, weil er sich in den Schriften des Alten Testaments gut auszukennen schien. Weise Menschen bringt man häufig mit einem Vollbart in Verbindung, der mit zunehmendem Alter auch länger und weißer wird. Jesus war zu jung, um einen langen weißen Rauschebart zu haben. Deshalb bekam er einen dunklen Vollbart zugeschrieben, wie es typisch für die Bewohner der Länder des Nahen Ostens war. Rasierer wurden noch nicht in der heutigen Form benutzt, sodass die meisten Menschen einen Bart hatten. Normal war auch ein schlanker Körper, da es noch nicht eine so üppige und fettreiche Nahrungsmittelversorgung wie heute gab und die körperliche Arbeit weitaus kräfteraubender war, als in unserer modernen Zeit. Jesus wird in seinem Aussehen also als der weise Durchschnitts-Galliläer gezeigt. Es ist gut möglich, dass er wirklich so oder so ähnlich aussah, wie wir ihn uns aufgrund diverser mittelalterlicher Vorlagen vorstellen. Eventuell müsste er eine dunklere Haut gehabt haben, als der Mann, den wir heute auf Bildern oder an Kruzifixen (Bildnisse vom gekreuzigten Jesus) sehen, weil dies ebenfalls typisch für die Bewohner des Mittelmeerraumes ist. Rein theoretisch kann er auch ganz anders ausgesehen haben, als wir ihn uns heute vorstellen. Selbst das Turiner Grabtuch, auf welchem die Gesichtszüge Jesu dargestellt sein sollen, kann an dieser Stelle nicht zu Rate gezogen werden, da es sich dabei mit ziemlicher Sicherheit um eine Fälschung handelt, wie im späteren Verlauf des Buches noch gezeigt werden soll.

Die Jünger Jesu

Bei der Frage nach den Jüngern Jesu wird generell zwischen dem engeren Jüngerkreis, zu dem wir gewöhnlich zwölf Personen zählen und dem weiteren Jüngerkreis Jesu unterschieden. Zur Veranschaulichung kann an dieser Stelle vielleicht ein moderner Vergleich mit einer Musikband helfen. Jesus war gewissermaßen der Bandleader und eigentliche Star der Band, seine Jünger bildeten den restlichen Teil der Band. Der weitere Jüngerkreis lässt sich mit den Fans vergleichen, die Jesus zu seinen verschiedenen Stationen nachfolgten. Natürlich gehören zu einer solchen Boyband auch Groupies, die dem Star immer besonders nahe sein wollen und weibliche Fans, die vom Auftreten und Ruhm ihres Stars begeistert sind. So sind im weiteren Jüngerkreis Jesu auch Frauen zu finden. Eine von ihnen ist die regelrecht sagenumwobene Maria Magdalena.

Innerhalb des engeren Jüngerkreises treten einige Jünger besonders hervor: Simon Petrus zum Beispiel, der Lieblingsjünger Jesu oder auch Jakobus und Johannes, die ebenfalls besonders in der Gunst Jesu standen. Die hierarchisch anmutende Struktur wird auch im Markusevangelium angedeutet. Hier heißt es: „Die Zwölf, die er einsetzte, waren: Petrus - diesen Beinamen gab er dem Simon -, Jakobus, der Sohn des Zebedäus, und Johannes, der Bruder des Jakobus - ihnen gab er den Beinamen Boanerges, das heißt Donnersöhne -, dazu Andreas, Philippus, Bartholomäus, Matthäus, Thomas, Jakobus, der Sohn des Alphäus, Thaddäus, Simon Kananäus und Judas Iskariot, der ihn dann verraten hat" (Mk 3,16-19).

Die Zahl zwölf, die wir immer als die Anzahl der Jünger annehmen, ist historisch nicht belegt und bildet wohl vielmehr einen Bezug auf die zwölf Stämme Israels. Sie ist eine der heiligen Zahlen, die in der Bibel einen besonderen Stellenwert einnehmen sollen, aber weitestgehend nicht historisch sind. Es ist deshalb in diesem Fall durchaus möglich, dass noch mehr Personen zum engeren Jüngerkreis gehörten. Jesus selbst hat die Jünger wohl als seine Schüler angesehen, sich selbst als Lehrer, der ihnen die Auslegung der Heiligen Schrift lehrte.

Die Jünger werden dabei immer menschlich dargestellt, als sollte sich der Leser selbst in ihnen erkennen, ja sich mit ihnen identifizieren können. Wir bekommen also bei der Lektüre der Evangelien das Gefühl, dass Jesus auch uns anspricht. Diese imaginäre Nähe ist einer der Gründe für die Popularität der Bibel, die immerhin das mit Abstand erfolgreichste und bekannteste Buch der Welt ist.

Die Jünger fragen nach, wenn ihnen in der Lehre Jesu etwas unverständlich ist, sodass auch der Bibelleser Verständnisfragen oftmals gleich beantwortet bekommt. Auch wenn die in der Bibel angedeutete Anzahl der Jünger vermutlich nicht historisch ist, so ist die Existenz einer Gefolgschaft Jesu doch unumstritten. Und somit sind die Jünger nicht nur historisches Faktum, sondern nehmen eine wichtige Mittlerrolle zwischen der Bibel und dessen Lesern ein, ganz so als wollte man uns sagen: Ihr seid die Jünger Jesu!

Der Begriff des Jüngers wird heutzutage häufig durch das synonym verwendeten Wort „Apostel" ersetzt. Dies ist durchaus legitim, wenn dabei folgendes beachtet wird:

Das griechische Wort „apostolos" bedeutet „Gesandter". Die Jünger Jesu waren die ersten Apostel, also die ersten, die von Jesus gesandt worden waren. Doch es werden auch andere Männer, wie etwa der berühmte Paulus (Apg 14,14), und vielleicht sogar eine Frau (Junia in Röm 16,7) in der Bibel als Apostel bezeichnet. Der Begriff des Apostels beschränkt sich somit nicht allein auf die zwölf Jünger Jesu, sondern ist durchaus weitgreifender zu verstehen. Somit sind zunächst alle Personen, die von Jesus einen direkten Sendungsauftrag erhalten haben, als Apostel anzusehen. Dazu kommen noch die Apostel im weiteren Sinne, die ihren Auftrag nicht direkt von der Person Jesu, jedoch trotzdem in einer transzendenten, also überirdischen Weise von ihm bzw. von Gott erhalten haben.

Trotz der etwas schwierigen Auslegungsweise und Abgrenzungsmöglichkeit des Apostel-Begriffs, ist allgemein bekannt, dass, wenn in der Kirche von den zwölf Aposteln die Rede ist, nur die zwölf Jünger aus dem engeren Jüngerkreis Jesu gemeint sein dürften.

Gruppierungen um Jesus

Jesus lebte keineswegs in einer friedlichen Umgebung. Zwischen den Heiden, also denjenigen, die nicht dem Judentum angehörten und dem jüdischen Volk herrschten große Spannungen. Auch die Kluft zwischen den Armen und den Reichen, den Dorf- und den Stadtbewohnern, sowie den Herrschenden und dem Volk war enorm. Dadurch kam es häufig zu Unruhen, die man versuchte, mit grober Gewalt und drakonischen Strafen zu unterdrücken. Einen solchen Unruheherd stellte aus der Sicht der römischen Besatzer in Jerusalem auch Jesus dar und musste deshalb mit einer empfindlichen Strafe, dem Tod am Kreuz rechnen.

Neben diesen Spannungen gab es auch innerhalb des Judentums erhebliche Konflikte, da es zur Zeit Jesu in Palästina verschiedene „Glaubensgruppierungen" gab, die nicht immer friedlich nebeneinander und miteinander wirkten. Sie alle lebten ihren Glauben auf unterschiedliche Weise. Um die Umwelt Jesu besser einschätzen zu können, ist es daher interessant, die einzelnen Gruppierungen kennen zu lernen und zu versuchen, Jesu in eine bestimmte Richtung einzuordnen. Natürlich gehörten die meisten Juden keiner expliziten Gruppierung außer dem Judentum selbst an, doch ist es möglich, dass Jesus sich zu einer bestimmten Gruppe hingezogen fühlte, während er andere eher ablehnte.

Die erste Gruppierung sind die **Sadduzäer**, die sich stark an der Thora orientierten. Ihnen gehörte die gehobene Schicht der jüdischen Gesellschaft an. Für sie war der Tempel von besonderer Bedeutung, der den Mittelpunkt ihres Handelns und Denkens bildete. Im Hohen Rat des jüdischen Tempels stellten die Sadduzäer häufig den Hohepriester. Ihre Macht wurde durch die Unterstützung der Römer weiter verstärkt. Durch die Zerstörung Jerusalems und des Tempels im Jahre 70 n. Chr. wurde ihnen ihr Mittelpunkt entrissen und die Gruppierung löste sich auf. Jesus stand dieser Gruppierung wahrscheinlich relativ fern.

Die größte Gruppe war die der **Pharisäer**. An ihr orientierten sich weitestgehend die Bürger, die nicht der Oberschicht angehörten. Die Pharisäer stellten weniger den Tempel in den Mittelpunkt, sondern stattdessen die Auslegung der Thora und ihrer Gesetze im Alltag, weshalb sie auch als Schriftgelehrte hoch angesehen waren. Im Gegensatz zu den Sadduzäern profitierten sie von der Zerstörung des Tempels und bildeten danach eindeutig die Hauptgruppierung des Judentums. Jesus scheint in den Pharisäern Gegner gesehen zu haben, möglicherweise weil er mit ihrer Lehre bzw. ihrer Gesetzesauslegung nicht zufrieden war. Sie werden in der Bibel meist in ein negatives Bild gerückt, obwohl es zwei Dinge gibt, die Jesus und die Pharisäer gemeinsam hatten:

Beide glaubten an die Auferstehung und beide traten für das gesamte Volk ein.

Eine weitere Gruppe bildeten die **Essener**. Sie hatten fast den gleichen Einfluss wie die Pharisäer und die Sadduzäer, wandten sich aber vom Tempel ab und bildeten mit ihrem Leiter, dem „Lehrer der Gerechtigkeit", eine neue Gemeinschaft, die ein ausgeprägtes kultisches Verständnis besaß. Das Zentrum dieser Gemeinde entstand vermutlich in Qumran, einer alten Siedlung im Nordwesten des Toten Meeres, die im 1. Jahrhundert, noch vor der Zerstörung des Jerusalemer Tempels, vernichtet wurde. Auch die Gemeinschaft der Essener wird nach dieser Zerstörung nicht mehr erwähnt. Für sie war besonders der apokalyptische Gedanke wichtig, in welchem sie sich als das erlesene Volk sahen, dass am Tage des Gerichts gerettet werden würde. Ein ähnliches apokalyptisches Denken besaß auch Jesus. Er wird daher von einigen Wissenschaftlern als Essener gesehen, wofür es aber keine expliziten Hinweise gibt, da diese Gemeinde nur sehr selten in Schriftstücken erwähnt wird. Die einzige Ausnahme bilden hierbei die Schriften von Qumran, die vermutlich auf die Gruppierung der Essener zurückgehen und somit einen Einblick in die Lebens- und Glaubensweise dieser Gruppierung geben können. Jesus wird in den Schriftstücken nicht erwähnt, da diese 100– 200 Jahre vor seiner Geburt entstanden sind und Jesus selbst, auch wenn er sich anscheinend zu den Essenern hingezogen fühlte, vermutlich niemals in Qumran war.

Die vierte und letzte wichtige Gruppe bildeten die radikalen **Zeloten**. Diese waren äußerst fundamentalistisch geprägt und schreckten auch vor Gewalteinwirkungen nicht zurück, um ein „reines" Volk Gottes zu bilden. Für sie stand, wie auch bei den Pharisäern und den Essenern, der Glaube an das bald eintretende Reich Gottes im Mittelpunkt. Sie stellten sich besonders stark gegen die römische Besatzermacht und deren Herrscher, versuchten das Volk auf ihre Seite zu bringen und wagten später sogar den Krieg gegen Rom. Sie sorgten für allerhand Spannungen im jüdischen Volk. Jesus wird dieser Gruppe am ehesten zugeordnet, weil auch er sich gegen Rom stellte und somit den Aufstand herbeirufen wollte. Jedoch ist in den Evangelien keineswegs von Gewalteinwirkungen Jesu gegenüber den Römern die Rede. Entweder wurde dieses verschwiegen, um das friedfertige Bild Jesu nicht zu zerstören oder aber Jesus war nicht so radikal wie die meisten der Zeloten. Er predigte von Nächstenliebe und nicht vom Kampf. Es gibt nur wenige Hinweise auf die Gruppe der Zeloten. Einen finden wir jedoch in der Bibel: Simon, ein Jünger Jesu wird im Lukasevangelium als „Simon der Zelot" bezeichnet (LK 6,15). Es ist also möglich, dass Jesus, wenn er auch selber kein Zelot war, dennoch Anhänger dieser Gruppierung in seinem Umfeld hatte. Das Denken Jesu war auf jeden Fall zelotisch, also auch antirömisch geprägt, wie es speziell im Umfeld der Verhaftung und Ermordung Jesu durch die Römer deutlich wird.

Im folgenden Teil des Buches soll direkt auf das Leben Jesu eingegangen werden, um nachvollziehen zu können, wie dieses von der Geburt bis zum Tod verlaufen ist und was wir modernen Rekonstruktionsversuchen und den Quellen der damaligen Zeit entnehmen können.

Wie war Jesus „privat"? Was machte er, wenn er nicht gerade über einen See spazierte oder Wasser zu Wein verwandelte?

Jesus von Nazareth (1. Teil)

Die Geburt

Entgegen der häufigen Meinung wurde Jesus nicht im Jahre 0 geboren. Die heutige Form der Zeitrechnung, welche auf das **Geburtsjahr** Jesu zurückgeführt wird, wurde erst im 6. Jahrhundert von einem in Rom lebenden Mönch namens Dionysius Exiguus erfunden. Was viele nicht wissen: Das Jahr 0 gab es überhaupt nicht! Dem Jahr 1 v. Chr. folgte direkt das Jahr 1 n. Chr., denn Dionysius legte das erste Lebensjahr Jesu als das Jahr 1 fest. Demnach ist das Jahr vor seiner Geburt das Jahr 1 v. Chr., das Jahr seiner Geburt das Jahr 1 n. Chr und das Jahr 0 gibt es dabei. Die Wissenschaft weiß heute sicher, dass sich Dionysius Exiguus bei der Festlegung des Geburtsjahres Jesu geirrt hat, zumal es keine schriftlichen Aufzeichnungen dafür gab, wann Jesus exakt geboren wurde. Dionysius legte das Geburtsjahr Jesu aufgrund von Angaben im Neuen und Alten Testament fälschlicherweise auf 754 Jahre nach der Gründung Roms fest, womit er sich jedoch irrte, wie die folgenden Überlegungen zeigen:

Bezüglich der Terminierung des Geburtsjahres Jesu finden sich in der Bibel folgende Angaben:

„Als Jesus zur Zeit des Herodes in Betlehem in Judäa geboren worden war …" (Mt 2,1) und „In jenen Tagen erließ Kaiser Augustus den Befehl, alle Bewohner des Reiches in Steuerlisten einzutragen. Dies geschah zum erstenmal; damals war Quirinius Statthalter von Syrien" (Lk 2,1-2,2).

Welche Schlüsse lassen sich aus diesen Angaben auf das reale

Geburtsjahr Jesu ziehen? Ein Problem ist, dass sich die Aussagen der Evangelisten widersprechen. Besonders schwer nachvollziehbar ist dabei die Aussage des Evangelisten Lukas, die sowohl sich selbst als auch den Angaben des Evangelisten Matthäus zu widersprechen scheint.

Nach Aussage des Matthäus fiel die Zeit der Geburt Jesu in die Regierungszeit von König Herodes dem Großen. Diese ging von 37 v. Chr. bis zum Tode des Herodes im Jahr 4 v. Chr.. Die Angabe ist eine der wichtigsten Hinweise zur Datierung der Geburt Jesu innerhalb der Bibel. Jesus muss demnach also spätestens im Jahre 4 v. Chr. das Licht der Welt erblickt haben.

Doch nicht nur diese Angabe, sondern auch jene in Lk 3,1-2 hilft bei der Datierung des Geburtsjahres. Diese Stelle des Lukasevangeliums besagt, dass Jesus um die 30 Jahre alt gewesen sein soll, als er zum ersten Mal öffentlich auftrat. Die Angabe wird im Bibeltext mit dem 15. Jahr des Tiberius (28 n. Chr.) verbunden. Eine frühere Datierung der Geburt als das Jahr 4 v. Chr. würde also demnach ebenfalls nicht passen. Dies stützt die Vermutung, dass Jesus um das Jahr 4 v. Chr. geboren sein muss. Wenn Jesus nämlich im Jahre 28 n. Chr. 30 Jahre alt war und wir das Jahr 0 bei unserer Rechnung unberücksichtigt lassen, dann kommen wir auf das Jahr 3/4 v. Chr. als Geburtsjahr. Das bestätigt nicht nur die Vermutung, dass Exiguus sich verrechnet hat, sondern auch, dass die Angaben der Bibel mit der Historie übereinstimmen.

Es gibt jedoch noch jene unpassende Aussage, aus dem Lukasevangelium, die bereits zitiert wurde. Lukas behauptet, dass Quirinius Statthalter von Syrien war, als Jesus geboren wurde. Quirinius bekam erst 6 n. Chr. das Amt des

Statthalters zugesprochen, womit die Angabe nicht in die Vermutung passt, dass Jesus um 4 v. Chr. geboren wurde. Das Jahr 6 n. Chr. (oder später) kann als Geburtsjahr Jesu mit ziemlicher Sicherheit ausgeschlossen werden. Für die Diskrepanz zwischen dem vermuteten Geburtsjahr 4 v. Chr. und der Aussage des Evangelisten Lukas über Quirinius gibt es mehrere Erklärungsmöglichkeiten:

Zum einen besteht die Möglichkeit, dass es zwei verschiedene Personen mit dem Namen Quirinius gab und dass die Schätzung unter Quirinius dem Prokonsul von Syrien und Kilikien stattfand, der ein anderer als jener Quirinius war, der später das Amt des Statthalters von Syrien bedeckte.

Eine weitere Behauptung besagt, dass es sich um zwei unterschiedliche Amtszeiten des erwähnten Quirinius gehandelt hat. Demnach wäre er nicht nur im Jahre 6 n. Chr. zum Statthalter ernannt worden, sondern hätte schon zuvor dieses Amt bekleidet, denn der Wissenschaft ist Quirinius bereits von 11-7 v. Chr. als Statthalter bekannt.

Eine dritte Möglichkeit besteht in der historischen Ungenauigkeit des Evangelisten Lukas, der zwar die Geburt Jesu mit der Eintragung in Steuerlisten unter Quirinius verbindet, jedoch nur auf dieses Ereignis verweist, das historisch vor oder nach der Geburt Jesu stattfand. Diese Möglichkeit wird später noch im Zusammenhang mit der Analyse der biblischen Eintragung in Steuerlisten näher untersucht.

Die Diskrepanz zwischen den Angaben der Bibel und den historischen Fakten wird häufig, besonders im Umfeld des marxistisch-leninistischen Dogmas, zum Anlass genommen um zu behaupten, dass Jesus nie gelebt habe. In diesem

Zusammenhang wird an der veralteten Festlegung des Jahres 0 als Geburtsjahr Jesu festgehalten. Da dies dann nicht mit der Herrschaftszeit des Herodes in Einklang gebracht werden kann, wird es als Lüge der Evangelisten angesehen, dass Jesus gelebt hat. Nach heutigen Erkenntnissen von dem Irrtum des Mönches Dionysius Exiguus ist diese Denkweise eindeutig falsch. Abgesehen davon ist sich die moderne Forschung gerade in einem Punkt einig: Jesus muss gelebt haben. Die biblischen und unzähligen nichtbiblischen Berichte beweisen dies ganz eindeutig! Somit stellt sich nicht die Frage ob Jesus gelebt hat, sondern wann und wie.

Als weitere Möglichkeit der Datierung der Geburt Jesu wurde von einigen Wissenschaftlern noch jener Stern als Beweis herangezogen, der die Sterndeuter zum Geburtsort Jesu geführt haben soll. Wenn diese Geschichte auch vielen Lesern der Bibel zunächst wie ein Märchen erscheint, so gibt es hier eine interessante historische Parallele: Eine dementsprechende Sternenkonstellation, die für die Sterndeuter Anlass einer Reise gewesen sein könnte, gab es tatsächlich - nämlich um das Jahr 7 v. Chr.! In diesem Jahr näherten sich die Planeten Jupiter und Saturn, die eine große Bedeutung für die Babylonier hatten, im Sternbild der Fische einander an und bildeten für ein knappes halbes Jahr aus Sicht der Erde eine Einheit. Sie waren also als helle und ungewöhnliche Himmelserscheinung am Firmament zu sehen. Diese Konstellation sah die Gruppe von Weisen aus dem Morgenland, deren genaue Zahl nicht bekannt ist, als Hinweis auf ein besonderes Ereignis an. Allerdings ist der Bericht im Matthäusevangelium wohl nicht auf dieses Ereignis direkt zurückzuführen. Matthäus hat vermutlich bereits zwei bis drei Jahre vor der Geburt Jesu selbst die Beobachtung dieser besonderen Sternenkonstellation am Himmel gemacht oder davon gehört und verweist an dieser Stelle nur auf jenes Ereignis, wenn er von einem Wunderstern spricht, der den Sterndeutern vorausgegangen ist.

Dieses Ereignis wird im Kapitel „Die Heiligen Drei Könige" noch genauer betrachtet, genauso wie eine zweite Möglichkeit der Deutung des Sterns von Betlehem.

Wie wir gesehen haben, ist die sinnigste und wahrscheinlichste Datierung des Geburtsjahres Jesu das Jahr 4 v. Chr.

An welchem Tag er genau geboren wurde, ist nicht bekannt. Es kann aber mit ziemlicher Sicherheit behauptet werden, dass es nicht der 24. oder 25. Dezember war, also nicht in der Zeit lag, in der wir heute das Weihnachtsfest, den **Geburtstag** des Gottessohnes feiern. Damals hat, anders als heute, der genaue Tag der Geburt kaum jemanden interessiert und wurde somit auch nicht festgehalten. Wenn heutzutage einige Wissenschaftler dennoch eine genaue Datierung vorzunehmen versuchen, etwa auf bestimmte Daten im Frühjahr, beruht dies meist nur auf beweislose Vermutungen. Dass der 24. Dezember als Geburtstag Jesu festgelegt wurde, hat damit zu tun, dass dieser Tag in vielen Kulturen bereits als der Tag der Wintersonnenwende gefeiert wurde. Die Tage werden von diesem Zeitpunkt an wieder länger und die dunkele Jahreszeit schwindet. Dieser Tag eignet sich also optimal als Geburtstag des Messias, der das Licht in die Welt bringen sollte. Das erste bezeugte Weihnachtsfest wurde im Übrigen in Rom am 25. Dezember 336 gefeiert. Die

Geburtsfeier im Dezember hat keinen historischen Ansatz in der Biografie Jesu. Aber das spielt auch keine Rolle. Wichtig ist, dass dieser Gendenktag an die so besondere Person überhaupt so groß gefeiert wird. Macht es die langen Winterabende nicht interessanter, wenn man die schönen Geschichten der Geburt Jesu hört und wenn die Kinder sehnsüchtig die Tage bis Weihnachten zählen, weil sie das Christkind erwarten? Leider wurde diese Christkindromantik im Laufe der Zeit immer mehr vom Weihnachtsmann abgelöst, einer Art Doppelgänger des bereits zuvor schon vorhandenen Nikolaus. Fragen Sie sich doch einmal selbst: Wer bringt bei Ihnen die Geschenke - das Christkind oder der Weihnachtsmann? In den meisten modernen Familien ist es der Weihnachtsmann, da anzunehmen ist, dass nur noch wenige Kinder das Christkind und seine Bedeutung kennen. Außerdem ist der Weihnachtsmann augenscheinlich auch viel moderner, da er die Medien zu Werbezwecken häufiger nutzt, als das weiß gewandete kleine Kind. Nicht viele Menschen wissen, dass der Weihnachtsmann nur durch eine Werbekampagne des amerikanischen Getränkeimperiums Coca Cola berühmt wurde. Auch wenn es diese Figur schon vorher gab, so war Coca Cola doch maßgeblich daran beteiligt, dass die Mehrheit der modernen Weltbevölkerung Weihnachten eher mit dem Weihnachtsmann als mit dem Christkind in Verbindung bringt, was wirklich schade ist. Dadurch geht der Glaube an das Kind im Stall immer mehr verloren - genauso wie der eigentliche Grund des Festes, der ursprünglich nicht im Beschenken, sondern in dem Gedächtnis an die Geburt des Gottessohnes lag. Auf die Frage in einer Fußgängerzone, besonders bei jüngeren

Menschen, warum Weihnachten gefeiert wird, erhält man interessante Antworten. Provokativ könnte man behaupten, dass die Menschen, die Weihnachten nicht der Geburt Jesu gedenken, dieses Fest eigentlich gar nicht feiern bräuchten. Denn nur allein der Weihnachtsbaum und die Geschenke machen aus diesem Tag noch kein Weihnachten. Doch auch bei Nichtgläubigen hat das Feiern dieses Festes positive Wirkung. Es wird Bedürftigen gespendet, dass auch diese ein schönes Fest feiern können, es werden Verwandte besucht und der Umgang mit anderen Menschen möglichst harmonisch gestaltet. Nichtgläubige handeln somit auch nach dem Vorbild Jesu.

Die Bibel berichtet davon, dass Jesus in Betlehem geboren wurde. So steht es im Matthäus- und im Lukasevangelium. Diese Annahme bezüglich des **Geburtsortes** ist äußerst umstritten. Allein der Name „Jesus von Nazareth" stellt dieses in Zweifel. Die Eltern Jesu lebten vor und nach der Geburt ihres Sohnes mit großer Wahrscheinlichkeit in Nazareth. Warum sollten sie den weiten Weg von etwa 170 km bzw. fünf Tagesmärschen nach Betlehem gehen, um ihren Sohn dort zur Welt zu bringen? Zumal Maria hoch schwanger gewesen sein muss.

Viele Bibelleser verweisen an dieser Stelle auf die Aussage des Lukasevangeliums, wonach Maria und Joseph nach Betlehem gingen, um sich registrieren bzw. in Steuerlisten eintragen zu lassen. Ein solches Ereignis fand tatsächlich zweimal in der Zeit um das Geburtsjahr Jesu statt. Allerdings um 8 v. Chr. und um 6 n. Chr. Beide Jahre können mit größter Wahrscheinlichkeit als Geburtsjahr Jesu ausgeschlossen werden. Im Jahre 8 v. Chr. fanden vermutlich zwei verschiedene Ereignisse parallel statt. Zum einen war dies der sogenannte Provinzialzensus der nichtrömischen Bürger, welcher in dem Gebiet Judäa und Samarien alle 14 Jahre erhoben wurde. In eben diesem Jahr 8 v. Chr. fand zum anderen aber noch zusätzlich der Reichszensus, also die Schätzung der gesamten römischen Bürger des Imperium Romanum, des Römischen Reiches, zwecks Vermögensschätzung und Musterung statt. Wenn es im Lukasevangelium heißt: „In jenen Tagen erließ Kaiser Augustus den Befehl, alle Bewohner des Reiches in Steuerlisten einzutragen", dann kann eine Parallele zu dem Reichszensus festgestellt werden. Jedoch war dieser nur für die Römer gedacht. Juden, wie es Jesus und seine Eltern waren, wurden hierbei nicht registriert. Sie wurden allerdings bei dem Provinzialzensus erfasst, den es sowohl um 8 v. Chr. als auch um 6. n. Chr. gab und der die nichtrömischen Bürger zwecks Steuerabgaben ergreifen sollte.

Es heißt weiter: „Dies geschah zum ersten Mal; damals war Quirinius Statthalter von Syrien". Ein Statthalter verwaltet eine bestimme Region und ist damit Stellvertreter des Kaisers, der in den Jahren 27 v. Chr. bis 14 n. Chr., also zu der Zeit der Geburt Jesu, Imperator Caesar Divi Filius Augustus, ein Adoptivsohn des bekannten Feldherrn Gaius Julius Caesar und zudem erster Kaiser des großen Römischen Reiches war. Dass die Eintragung in Steuerlisten zum ersten Mal geschah, wie es Lukas schreibt, ist für das Jahr 8 v. Chr. wissenschaftlich fundiert.

Viele Forscher sehen anstatt Quirinius Gaius Sentius Saturninus als den Statthalter an, der in diesem Jahr den

Reichzensus durchführte. Auch die Ausführungen des frühen christlichen Schriftstellers Quintus Septimius Florens Tertullianus, kurz Tertullian (etwa 150 -230 n. Chr.), scheinen dies zu bekräftigen. Die Erwähnung, dass die Zählung stattfand, als Quirinius Statthalter war, scheint dem zu widersprechen, da sonst Quirinius bereits zu dieser Zeit Statthalter gewesen sein muss. Einige Wissenschaftler gehen jedoch von einer doppelten Amtszeit aus, wonach Quirinius bereits von 11 v. Chr. bis 7 v. Chr. erstmalig Statthalter von Syrien war.

Nach geschichtlichen Quellen wurde der Zensus des Jahres 6 n. Chr. nur für die Gebiete Judäa und Samarien erhoben und nicht für das Gebiet Galiläa, welchem Nazareth angehörte. Die Bibel berichtet, dass Joseph, der Vater Jesu, ursprünglich aus dem Gebiet Judäa stammte und deshalb in seine Heimatstadt reisen musste, um sich mit seiner Familie registrieren zu lassen. Es ist historisch belegbar, dass die Bürger des Landes sich zur Zensuserhebung in ihre jeweilige Heimatstadt begeben mussten.

Sollte sich Lukas mit der Nennung des Statthalters geirrt haben, könnten seine Ausführungen auch auf den Provinzialzensus um 8 v. Chr. verweisen, obwohl er schreibt, dass sich alle Bewohner des Reiches und nicht nur die einer einzelnen Provinz in Steuerlisten eintragen sollten. Letzteres ist aber schon von daher als Falschdarstellung zu werten, als dass Juden bei dem Reichzensus nicht beachtet wurden und somit gar nicht alle Bewohner gemeint sein konnten. Wenn also Lukas mit seiner Aussage „alle Bewohner des Reiches" auf den Reichszensus des Jahres 8 v. Chr. verweist, dann nicht in dem Zusammenhang, dass die Jesus-Familie diesem

Aufruf gefolgt ist, sondern dass diese parallel zum Reichszensus aufbrach, um sich stattdessen in die Steuerlisten des Provinzialzensus einzutragen. Dann wäre das Jahr 8 v. Chr. recht eindeutig das Jahr, auf welches Lukas verweist.

An dieser Stelle lässt sich also erkennen, dass es nicht eindeutig möglich ist festzustellen, auf welches Ereignis sich Lukas nun tatsächlich bezieht. Er stiftet stattdessen bewusst oder unbewusst Verwirrung. Festzuhalten ist jedoch nach wie vor, dass im Geburtsjahr Jesu kein Zensus erhoben wurde, sondern, dass der Evangelist Lukas hier lediglich auf die Geschehnisse des Jahres 6 n. Chr. oder am wahrscheinlichsten sogar des Jahres 8 v. Chr., in dem zum Provinzialzensus auch ein Reichszensus stattfand, verweist. Womöglich sind seine Quellen in dieser Hinsicht auch unzureichend und falsch, sodass er unbewusst falsche Angaben gemacht hat.

Dafür, dass die Schätzung, wie es einige Wissenschaftler vermuten, aufgrund von politischen Unruhen, speziell in Jerusalem, um einige Jahre verschoben wurde, gibt es keine Hinweise. Es gab zwar gelegentlich Unruhen kleinerer Bevölkerungsgruppen, aber einen Großaufstand gegen die Zählung gab es nicht, da die Bürger die Formalitäten einer solchen Schätzung mehrheitlich ohne größeren Unmut über sich ergehen ließen. Die Macht der Römer konnte kleineren Ansammlungen von Aufständischen locker entgegenwirken und musste nicht einen, mit einem großen Aufwand verbundenen Provinzialzensus verschieben. Solches wäre auch mit ziemlicher Sicherheit überliefert worden.

Wenn die Zählung und die Geburt nicht zur selben Zeit stattfanden, dann ist es auch wiederum möglich, dass Jesus nicht in Betlehem, sondern in Nazareth geboren wurde. Da im Alten Testament bereits davon die Rede war, dass der Messias in Betlehem geboren werden sollte, hat Lukas diesen Ort vermutlich nur übernommen, um die Aussagen des Alten Testamentes bewahrheiten zu können.

Eine andere Sache macht stutzig: Justin der Märtyrer, ein Philosoph und Prediger, der 100-166 n. Chr. lebte, schrieb in seiner Apologie: „Es ist die eine Ortschaft, im jüdischen Lande, 35 Stadien von Jerusalem entfernt, in der Jesus Christus geboren wurde, wie ihr auch aus den Zensuslisten ersehen könnt, die unter Quirinius, eurem ersten Landpfleger in Judäa, angefertigt worden sind". Warum hebt Justin so stark hervor, dass Jesus nahe Jerusalem geboren sein soll? Die Entfernungsangabe „35 Stadien", was etwa 6- 7 km entspricht, weist darauf hin, dass er mit dem Geburtsort das biblische Betlehem gemeint haben könnte. Leider sind Zensuslisten, wie sie Justin erwähnt, nicht bis in die heutige Zeit erhalten geblieben. Auffällig ist in dem Zitat noch, dass Quirinius von Justin im Bezug auf die Zensuslisten erwähnt wird. Sind die vorhergehenden Überlegungen also doch unzutreffend?

Nein, denn Justin kannte wohl schon die Evangelien, oder zumindest einen Teil der selbigen und stützt sich, beeinflusst davon, in seinen Aussagen genau auf deren Angaben. Er glaubte deshalb auch, dass Jesus in Betlehem geboren worden war, obwohl historisch so ziemlich alles gegen Betlehem, aber für Nazareth spricht. Bei dem Evangelisten Matthäus findet sich kein direkter Hinweis auf den Geburtsort Jesu.

Auch wenn es in der biblischen Geschichte wahrscheinlich keine Rolle spielte, so soll dennoch kurz angemerkt werden, dass es ein zweites Betlehem gab. Dieses lag, wie auch Nazareth, in Galiläa, war also bedeutend näher am Wohnort Jesu als das große Betlehem. Weil es aber nur ein kleines Dorf war, darf es wohl getrost in dieser Betrachtung außen vor gelassen werden, da es mit Sicherheit unbedeutend für die Geschichte Jesu ist.

Eine eindeutige Festlegung des Geburtsortes Jesu ist nicht verbindlich möglich, auch wenn Nazareth am wahrscheinlichsten ist.

Es gibt diesbezüglich noch ein anderes Problem. Es ist nämlich nicht wirklich klar, ob es Nazareth als „Stadt", wie es in der Bibel beschrieben wird, zur damaligen Zeit überhaupt gab. Auf rekonstruierten Karten ist dieses zwar verzeichnet, aber Flavius Josephus, ein Geschichtsschreiber der damaligen Zeit, erwähnt es in seiner Auflistung, die alle größeren Ansiedlungen der Region aufführt, nicht. Wahrscheinlich ist, dass Nazareth zur Zeit Jesu nur ein kleines Örtchen war, in dem nur wenige Familien lebten. Aus heutiger Sicht ist Nazareth also nur ein kleines galiläisches Dorf gewesen, welches allerdings mindestens zehn Männer bewohnt haben mussten, da von einer Synagoge in Nazareth die Rede ist und eine Synagogengemeinde ein Vorhandensein von mindestens zehn Männern voraussetzt. Der Ausdruck „Stadt" hat in der Bibel im Übrigen gar nicht die Bedeutung, die zunächst mit dem Wort verbunden wird. „Stadt" soll nämlich nicht die physische Größe, also etwa die Anzahl der Bewohner oder die Fläche beschreiben, sondern steht dafür, dass der Ort Galiläa für die Evangelien wichtig war. Deshalb gab es auch wichtige Dörfer, die als Stadt bezeichnet wurden, was aber nichts über die tatsächliche Größe verrät. Man kann also sagen, dass Jesus einer dörflichen Idylle entstammte, auch wenn es ihn später immer wieder in die großen Städte Palästinas zog.

Im Lukasevangelium ist davon die Rede, dass Jesus in einer Krippe geboren wurde. Der Rezipient stellt sich dabei oftmals einen Stall vor, der auf weitem Felde einsam und verlassen steht. Wenn die Geburtsgeschichte genauer gelesen wird, dann wird deutlich, dass Maria und Joseph in einen Stall ausweichen mussten, weil in der Herberge kein Platz für sie war. Da liegt es nahe, dass der Stall zu einer Herberge gehörte. Wegen der vielen Menschen, die zur Volkszählung nach Betlehem kamen, waren die Herbergen ausgebucht. Privathäuser und auch solche Herbergen, wie sie die Weihnachtsgeschichte erwähnt, hatten teilweise Ställe im Haus bzw. einen Raum, wo die Tiere lebten. Manchmal lebten Mensch und Tier sogar in einem einzigen Raum zusammen. In einer solch räumlichen Umgebung kann man sich auch die Geburt Jesu vorstellen. Darum war es auch möglich, dass Ochs und Esel bei der Geburt dabei waren und das Jesuskind in dem Stroh der Tiere aufbewahrt wurde. So wäre die Geschichte sinnig und annehmbar, wenn die Familie des Zimmermanns Joseph wirklich nach Betlehem gegangen wäre. Da dieses aber wohl nicht der Fall war, hat der Evangelist hier versucht, mit durchaus zeitgemäßen Bildern, seine Geschichte abzurunden.

Zusammenfassend ist die Geburtsfrage also wie folgt zu beantworten: Jesus wurde in Nazareth geboren. Die Geschichte mit der Geburt in Betlehem hat Lukas zum einen eingefügt, um der Voraussage des Alten Testamentes entgegenzukommen und zum anderen konnte er seine

Geschichte noch glaubwürdiger erscheinen lassen, dass sich die Familie in Betlehem registrieren lassen musste und deshalb Jesus in Betlehem geboren wurde. Zudem fand eine solche Volkszählung ja wirklich statt, nur eben nicht genau zum Zeitpunkt der Geburt Jesu. Lukas war, wie es scheint, die Erfüllung alttestamentlicher Prophezeiungen wichtiger, als die Wiedergabe historischer Fakten.

Die Heilige Familie

Es ist schwer etwas über die ersten Jahre des Lebens Jesu in Erfahrung zu bringen, da die Quellenlage diesbezüglich sehr dürftig ist.

Jesus lebte im östlichen Mittelmeerraum, in dem nur etwa 25000 qm kleinen Land Palästina. Hier gab es überwiegend Kleinbauern und Tagelöhner, die oft nur wenig Geld besaßen. Letztere waren meistens bei Großgrundbesitzern angestellt und wurden nicht selten wie Leibeigene behandelt. Speziell im Mittelstand, dem etwa Fischer oder Handwerker angehörten, war ein allgemeines Wachstum zu beobachten. Trotz einer positiven Wirtschaftslage, die der klimatisch begünstigten Landwirtschaft zu verdanken war, gab es viele Konflikte verschiedener Art. Ein Grund war, dass trotz der guten klimatischen Gegebenheiten die Menschen oft am Existenzminimum lebten.

Der Wohnort der Jesus-Familie war Nazareth in Galiläa, ein Ort, der etwa zwei Tagesmärsche von der Heiligen Stadt

Jerusalem entfernt lag.

Die Eltern Jesu waren **Maria und Joseph**, wobei Maria damals in Palästina noch anders genannt wurde, nämlich Mirjam. Der Name Maria entstand erst später durch die Lateinisierung der Evangelien, also durch die Übersetzung in die lateinische Sprache, bei der auch die Namen angepasst wurden. Dieses Phänomen findet der aufmerksame Leser häufig in biblischen Schriften. Auch die lateinisierte Form „Jesus" geht auf einen anderen Namen, nämlich Joshua bzw. Jeshua zurück. Diese Namen werden auch in den Schriftstücken des Flavius Josephus erwähnt, wodurch seine Schriften in der Wissenschaft auch als recht bedeutende Quelle angesehen werden.

Maria, die Mutter Jesu, hatte keinen Beruf, sondern war, wie zur damaligen Zeit üblich, Hausfrau und Mutter. Joseph, ihr Mann, wird mit der griechischen Berufsbezeichnung „Tekton" benannt, was in den deutschen Bibelübersetzungen häufig mit „Zimmermann" widergegeben wird. Dieser Beruf hatte weniger mit dem heutigen Zimmermann zu tun, als der Name zunächst vermuten lässt. Zur damaligen Zeit war ein Tekton ein Bauhandwerker bzw. Baumeister, der mit der Be- und Verarbeitung von Holz und Stein vertraut sein musste und speziell bei der Errichtung von Häusern eingesetzt wurde. Anders als bei heutigen handwerklichen Spezialisierungen im Arbeitsbereich Hausbau, schloss die Arbeit Josephs alle Tätigkeiten eines Hausbaus ein, wobei zu bedenken ist, dass dieses in der damaligen Zeit weniger umfangreich war als heute, da Elektrizität noch nicht bekannt und eine Kanalisation noch nicht üblich war. Der Beruf des Tekton oder Zimmermanns gehörte bereits der Mittelschicht an. Die Familie Jesu dürfte also nicht so sehr am Existenzminimum gelebt haben, wie andere Familien, die Jesus umgaben. Es ist wahrscheinlich, dass auch Jesus seinem Vater nachfolgte und den Beruf des „Zimmermanns" erlernte, da die Söhne sehr häufig in die Fußstapfen des Vaters traten.

Etwa um die Zeit der Geburt Jesu wurde die acht Kilometer entfernte Nachbarstadt Nazareths Sepphoris aufgrund antirömischer Aufstände von Publius Quinctilius Varus, der zu jener Zeit Gouverneur von Syrien war, zerstört. Etwas später, als Jesus ein junger Mann war, baute Herodes Antipas, der uns auch aufgrund der Erwähnungen in den Passionserzählungen (Leiden und Tod Jesu) der Evangelien bekannt ist, die Stadt unter dem Namen Autokratoris wieder auf und machte sie zum vorläufigen Zentrum seines Herrschaftsgebietes. Es entstand eine blühende und große Metropole. Unzählige Handwerker aus der näheren Umgebung wurden gebraucht, um diese Stadt zu erbauen. Aufgrund der beachtlichen Nähe zu Nazareth ist es also gut möglich, dass Jesus und sein Vater, sofern dieser zu jener Zeit noch lebte, am Bau der Stadt mithalfen. Da die Evangelien diese wichtige Stadt jedoch nicht erwähnen, wirkte Jesus in ihr vermutlich keine Wunder und Zeichen. Den Handwerksberuf übte er auch nur in seinen jungen Jahren aus. Als er zu Predigen begann und viel in seiner Umgebung umherwanderte, hängte er den Beruf vermutlich „an den Nagel" und konzentrierte sich auf seine Berufung. Die Bedeutung der Stadt Autokratoris beschränkt sich für Jesus also lediglich auf die Zeit, die er hier vermutlich als Zimmermann verbracht haben könnte.

Eine Schule musste Jesus für seinen Beruf nicht besuchen. Er schien trotzdem ein reges Interesse daran zu haben, sich zu bilden, wie wir im Folgenden noch sehen werden. Die Familiensprache war das Aramäische - eine **Sprache**, die heute ausgestorben ist. Für den Film „Die Passion Christi" von Mel Gibson wurde diese alte, von Wissenschaftlern rekonstruierte Sprache wieder aufgegriffen, um dem Film den Effekt zu verleihen, möglichst authentisch die Geschehnisse im Leben Jesu zu übermitteln. Dabei sollte jedoch wieder einmal nicht vergessen werden, dass die Texte der Bibel relativ unhistorisch sind. Besonders die Figurenrede, also die Aussprachen der biblischen Figuren sind bis auf sehr seltene Ausnahmen unhistorisch. Vermutet wird, dass den Evangelisten eine Spruchsammlung Jesu vorlag. Einige wahrhaftige Aussagen könnten so eventuell ihren Weg in die Bibel gefunden haben. Wirklich belegbar ist dies allerdings nicht. Es gibt jedoch Aussagen, bei denen dies zu vermuten ist. In der Bibel finden wir bei Markus an einigen Stellen Aussagen in aramäischer Sprache: Mk 5,41: „Talita kum" (Mädchen, ich sage dir, steh auf!) oder Mk 7,34: „Effata" (Öffne dich!). Diese bilden Hinweise auf die aramäische Sprache. Aussprüche Jesu gehen jedoch vermutlich weniger auf ihn selbst, als vielmehr auf die Evangelisten zurück. Trotzdem gibt es auch Sätze, die auf historischen Aussagen Jesu beruhen könnten. Beispiele hierfür sind etwa die Aufforderung „So gebt dem Kaiser, was dem Kaiser gehört, und Gott, was Gott gehört" (Mk 12,17), das „Eloi, Eloi, lema sabachtani?" (Mein Gott, mein Gott, warum hast du mich verlassen?) in Mk 15,34 oder auch der Ausspruch „Liebet eure Feinde". Auch die Anrede des Vaterunsers („Vater unser, der du bist im Himmel") und einige der in der Bibel aufgeführten Gleichnisse sollen direkt auf Jesus und nicht auf die Evangelisten zurückgehen. Mit besonderem Interesse ist diesbezüglich die Arbeit des Theologen Günther Schwarz zu betrachten, der unter anderem versuchte, im sogenannten „Jesus-Evangelium" die ursprünglichen Worte Jesu wiederherzustellen.

Jesus beherrschte womöglich neben dem Aramäischen auch die hebräische Sprache. Auch wenn Hebräisch in Palästina auf dem Rückzug war und nur noch in einer speziell abgewandelten Form gesprochen wurde, gibt uns die Bibel Hinweise, dass Jesus diese Sprache beherrscht haben könnte, da er in den Synagogen bei seiner Lehre auf die alten heiligen Schriften verwies, die in hebräischer Sprache verfasst waren. Ob es auch Übersetzungen der Schriften ins Aramäische gab, auf die Jesus zurückgreifen konnte, ist nicht bekannt. Es ist zudem nicht von der Hand zu weisen, dass er auch Griechisch verstehen oder sogar sprechen konnte. Mit der griechischen Sprache verhielt es sich dabei wie mit dem heutigen Englisch. Vor allem für die weltoffenen Bürger und die Schriftgelehrten war es wichtig, diese Sprache sprechen zu können, um auch über ihr kleines aramäisches Sprachgebiet hinaus die Möglichkeit der Verständigung zu haben. Auch für das Verfassen von Schriftstücken war das Griechische unumgänglich. In seinem Buch „Biblische Archäologie" bemerkt George Ernest Wright bezüglich der Sprache zur Zeit Jesu: „Auf den Straßen der größeren Städte hörte man verschiedene Sprachen. Griechisch und Aramäisch waren offensichtlich am gebräuchlichsten, aber die meisten Städter konnten vermutlich beide Sprachen verstehen, sogar in so

‚modernen' oder ‚westlichen' Städten wie Cäsarea und Samaria, wo vorwiegend griechisch gesprochen wurde. Römische Soldaten und Beamte konnte man sich auf Lateinisch unterhalten hören, während es gut möglich ist, daß die orthodoxen Juden sich in ihren Gesprächen einer späteren Abart des Hebräischen bedienten, eine Sprache, die nachweislich weder klassisches Hebräisch noch Aramäisch war, wenn sie auch mit beiden Ähnlichkeit hatte." Wright geht noch näher auf die Sprache Jesu ein, indem er schreibt: „Über die Frage, welche Sprache Jesus gesprochen hat, ist viel debattiert worden. Wir haben keine Möglichkeit, mit Sicherheit festzustellen, ob er griechisch oder lateinisch sprechen konnte, wissen aber, daß er bei seinen Predigten gewöhnlich das Aramäische oder ein stark aramäisiertes Hebräisch benutzt hat. Als Paulus zu der Menge im Tempel redete, soll er hebräisch gesprochen haben. Die Gelehrten haben das im allgemeinen als ‚aramäisch' gedeutet (Apg 21, 40), aber es ist durchaus möglich, daß die Umgangssprache der Juden zu jener Zeit ein volkstümliches Hebräisch gewesen ist" (Wright: Biblische Archäologie, S. 243).

Kehren wir an dieser Stelle wieder zu den Eltern Jesu zurück. Maria und Joseph waren nach Aussage des Lukas- und des Matthäus-Evangeliums verlobt (Lk 1,27 / Mt 1,18) und haben nach der Geburt Jesu auch geheiratet, worauf die Bibel mit „und (Joseph) nahm seine Frau zu sich" (Mt 1,25) hinweist. Ehelos hätte Maria niemals Kinder zur Welt bringen können, ohne dass sie mit einem außerehelichen Kind als Ehebrecherin und Hure bezeichnet worden wäre. Nach Aussage des Evangelisten Matthäus fand eine solche eheliche

Bindung zwar erst nach der Geburt Jesus statt, jedoch galt eine Hochzeit kurz nach der Geburt eines Kindes durchaus als legitim. Eine zeitnahe Hochzeit nach Jesu Geburt ist auch daher wahrscheinlich, weil wir davon ausgehen können, dass Joseph relativ früh, wohl bereits im Kindesalter Jesu verstorben ist, da ihn die Evangelien nur in den Kindheitserzählungen, genauer gesagt bis zum zwölften Lebensjahr Jesu erwähnen, als seine Eltern ihn bei dem Besuch eines Paschafestes in Jerusalem vergaßen (Lk. 2,41-52). Interessant ist auch, dass die Bibel ausdrücklich darauf hinweist, dass Maria und Joseph erst nach der Geburt Jesu geheiratet haben. Dieses Vorgehen, auch wenn es legitim war, wurde nicht so problemlos gesehen, wie die Geburt eines Kindes in eine bereits bestehende Ehe. Und, dass gerade der Sohn Gottes in noch uneheliche Verhältnisse hineingeboren wurde, ist außergewöhnlich, ja nahezu peinlich. Der ausdrückliche Hinweis darauf, dass Jesus vor der Hochzeit geboren wurde, lässt vermuten, dass es sich hierbei um ein historisches Faktum handelt, da es in den Evangelien ausdrücklich erwähnt wird, obwohl dieser Umstand nicht so gut zu einem Gottessohn passt.

Wie kann die Aussage der Evangelien verstanden werden, dass Jesus ohne leiblichen **Vater**, vom Heiligen Geist gezeugt, zur Welt gekommen sein soll? War er das erste Kuckucks-Ei-Kind der Geschichte? Brauchte Gott Maria nur, um durch sie seinen Sohn in die Welt bringen zu können? Dies klingt äußerst utopisch, obwohl es in der Tierwelt durchaus das Phänomen der sogenannten „Parthenogenesis" gibt. Dabei kommt es vor, dass sich weibliche Tiere, die keine Zwitter sind, ohne einen Vater fortpflanzen können. Das ist allerdings ein relativ seltenes Phänomen und bei einem Menschen noch nicht beobachtet worden. Viel näher liegt jedoch die Deutung, dass der Heilige Geist psychisch auf Joseph eingewirkt haben könnte, um ihn dazu zu bringen, Maria zu schwängern. Das würde bedeuten, dass Jesus im Auftrag des Heiligen Geistes durch Maria und Joseph gezeugt worden ist. Ein guter Kompromiss, wenn man sich nicht mit der Parthenogenesis bei Menschen oder dem physisch fruchtbaren Wirken des Heiligen Geistes anfreunden kann, aber trotzdem das Wirken des Heiligen Geistes nicht außen vor lassen will.

Die Bibel ist in jedem Fall nicht so zu verstehen, dass der Heilige Geist der wirkliche Erzeuger (in welcher physischen oder transzendenten Form auch immer) gewesen ist. Jesus hatte eindeutig wie jeder andere Mensch auch einen leiblichen, irdischen Vater. Trotz der historisch häufig fundamentalen Bibeldeutung der Kirche, die in ihrer Geschichte lange auf einer wörtlichen Auslegung der Heiligen Schrift beharrte, lenkt auch diese in der heutigen Zeit ein. So schrieb der jetzige Papst Benedikt XVI. Josef Ratzinger bereits im Jahr 1968 in seinem Buch „Einführung in das Christentum" über den Vater Jesu: „Die Gottessohnschaft Jesu beruht nach dem kirchlichen Glauben nicht darauf, dass Jesus keinen menschlichen Vater hatte; die Lehre vom Gottsein Jesu würde nicht angetastet, wenn Jesus aus einer normalen menschlichen Ehe hervorgegangen wäre".

Ich möchte eine wörtliche Bibelauslegung mittels dieses Beispiels noch weiter kritisch zuspitzen. Wenn die Bibel wirklich aussagen würde, dass Maria nicht von Joseph, sondern vom Heiligen Geist und somit im Sinne der Dreieinigkeit von Gott geschwängert worden wäre, wie es Mt. 1,18 angibt, dann widerspricht diese Aussage der Lehre von der Dreieinigkeit in allzu komischer Weise. Denn wenn der Heilige Geist gleichsam Gott und gleichsam Jesus ist, wenn also alle drei eine Person sind, dann ist es rein logisch unmöglich, dass der Heilige Geist Jesus, also ein Teil seiner selbst, gezeugt hat. Auf die Frage, wie dies geschehen kann wird man schnell in Erklärungsnot kommen. Aufgrund solch absurder Aussagen, die auf der wörtlichen Auslegung der Bibel beruhen, entstehen nicht nur Missverständnisse. Sie sind vielmehr auch der Grund, warum die Bibel oftmals nicht ernst genommen wird. Es wird nicht die Mühe gemacht, die wirklichen Aussagen der Evangelisten herauszufiltern, ja die Bibel verstehen zu wollen, da es einfacher ist die Bibel in ihrer Wörtlichkeit als Absurdum abzustempeln und zukünftig zu ignorieren. Die genannte und auch andere irreal anmutenden Geschichten der Bibel müssen aus einer ganz anderen Sicht, als aus dem wortwörtlichen Verständnis gesehen werden.

Ein vielfach diskutiertes Beispiel ist dabei auch die sogenannte „**Jungfrauengeburt**". Matthäus und Lukas schreiben, dass Jesus von einer Jungfrau geboren wurde, um damit die Prophezeiung des Buches Jesaja zu erfüllen, in dem es heißt: „Darum wird euch der Herr von sich aus ein Zeichen geben: Seht, die Jungfrau wird ein Kind empfangen, sie wird einen Sohn gebären, und sie wird ihm den Namen Immanuel (Gott mit uns) geben" (Jes 7,14). Besonders Matthäus, der Jesus immer in besonders göttlicher Weise darzustellen versuchte und dem die augenscheinliche Erfüllung der Propheten wichtiger war, als historische Fakten, konnte nicht anders, als besonders zu betonen, dass Jesus von einer Jungfrau geboren wurde, wie es der Prophet Jesaja vorhergesagt hat. Die Bibel bezeichnet Maria aber nur fälschlicherweise als Jungfrau. Rein medizinisch ist es nämlich unmöglich, dass eine Frau, die ein Kind zur Welt bringt, jungfräulich ist. Die Jungfräulichkeit vor Jesu Geburt ließe darauf schließen, dass Jesus das erste Kind Marias war, was durchaus möglich ist, da sonst Maria im apokryphen Jakobusevangelium vermutlich nicht als Tempeljungfrau bezeichnet worden wäre.

Es gibt einen wichtigen Punkt, der gegen die Jungfräulichkeitsgeburt in den Evangelien spricht. Es hat sich nämlich ein Fehler in die uns heute vorliegenden Übersetzungen eingeschlichen, welche Maria fälschlicherweise als Jungfrau bezeichnen. In den hebräischen Schriften des Propheten Jesaja, deren Prophezeiungen die Evangelisten im Neuen Testament bestätigen wollten, findet sich nicht etwa das Wort „betula", welches „Jungfrau" bedeutet, sondern „almáh", was soviel heißt wie „junge Frau". In der späteren Übersetzung ins Griechische (man spricht bei dieser Übersetzung des Alten Testaments auch von der sogenannten Septuaginta) ist dann ein Übersetzungsfehler unterlaufen. Almáh wurde im griechischen Text mit „parthenos" übersetzt, was vorrangig die Bedeutung „Jungfrau" hat. An dieser Stelle möchte ich die deutsche Übersetzung des hebräischen Verses und der griechischen Übersetzung der Septuaginta einmal gegenüberstellen, um den Fehler zu verdeutlichen. So heißt es in der älteren, hebräischen Übersetzung: „Darum wird der Herr selbst euch ein Zeichen geben: siehe, die junge Frau wird schwanger werden und einen Sohn gebären. Und sie wird ihn Immanuel nennen." In der Übersetzung der griechischen Bibel wurde dieser Vers mit „Darum wird der Herr selbst euch ein Zeichen geben: sie, die Jungfrau wird schwanger sein und einen Sohn gebären. Und du wirst ihm den Namen Emmanuel geben" übersetzt. In weiteren Übersetzungen wurde die Bedeutung des hebräischen Textes außen vor gelassen und das griechische Wort „parthenos" nur noch mit „Jungfrau" übersetzt, was nicht zu der ursprünglichen Bedeutung passt. So wurde wegen einer kleinen Unachtsamkeit aus „junge Frau" die Übersetzung „Jungfrau" und so entstand auch aus dieser Unachtsamkeit eines der größten christlichen Mysterien, nämlich die Jungfrauengeburt. Jesaja sagt also eigentlich gar nicht voraus, dass Jesus von einer Jungfrau geboren werde, sondern lediglich von einer jungen Frau. Wäre hier die Übersetzung genauer gewesen, hätte sich die Kirche also gar nicht die Mühe machen müssen, die Jungfrauengeburt zu erklären. Wenn ein Fehler absichtlich gemacht wird, dann spricht man von Manipulation, die in diesem Fall nicht ausgeschlossen, jedoch auch nicht bewiesen werden kann. Eine solche Hypothese soll deshalb an dieser Stelle nicht weiter verfolgt werden.

Das Geburtsjahr Marias wird etwa auf das Jahr 20 v. Chr. datiert. Wenn wir dann davon ausgehen, dass Jesus ca. um 4 v. Chr. geboren wurde, dann war Maria etwa 16 Jahre alt, als sie ihn zur Welt brachte, also wirklich eine junge Frau. Dies war zu der damaligen Zeit längst nicht so ungewöhnlich, wie es heute ist. Wir haben also auch hier wieder eine Bekräftigung, dass in den Evangelien „junge Frau" und nicht „Jungfrau" zu finden sein müsste.

Neben der jetzt für falsch erklärten Bezeichnung „Jungfrau" gibt es jedoch auch noch eine andere Bezeichnung, die Maria zugesprochen wird, nämlich die der „Gottesmutter". Dieser Titel wurde durch das Konzil von Ephesus im Jahr 431 n. Chr. als erlaubte, ja sogar erwünschte Bezeichnung festgelegt. Doch gab es seit der Einführung dieser Begrifflichkeit immer wieder Menschen, die sich gegen die Kirche auflehnten. Diese bezeichnen ihrerseits Gott als das Höchste, als das Oberste aller Wesen, als etwas ohne Anfang und ohne Ende. Wie kann Gott dann eine Mutter haben? Das würde nach unserem logischen Verständnis bedeuten, dass Maria Gott geboren haben muss. Nestorius, der in den Jahren 428 bis 431 Bischof von Konstantinopel war, störte diese irreführende Bezeichnung und er plädiert dafür, Maria „Christusgebärerin" oder ähnlich zu nennen, nicht aber „Gottesgebärerin" oder „Gottesmutter". Das Konzil von Ephesus erklärte jedoch die Bezeichnung Mariens als „Gottesmutter" damit, dass die Trinitätslehre, also die Lehre von der Einheit Gottes, des Heiligen Geistes und Jesus Christus, es ermögliche zu sagen: Weil Maria Jesus geboren hat und Jesus gleichsam Gott ist, hat Maria in Jesus auch Gott geboren und darf sich daher „Gottesmutter" nennen. Nestorius wurde aufgrund seiner differenten Sichtweise seines Amtes als Bischof enthoben. Man merkt also, dass der Begriff „Gottesmutter" nicht direkt wörtlich, sondern aus der Sicht eines gläubigen Christen zu sehen ist. Und so ist es bei vielen Redewendungen und Ausdrücken in der Bibel.

Unerklärbares und Irrsinniges ist nicht gleich falsch. Es muss gelegentlich nur aus einer anderen Perspektive betrachtet werden, so wie der Begriff „Gottesmutter" zum Beispiel aus der Perspektive des Glaubens gesehen werden muss.

Neben den vorhergegangenen Überlegungen und Interpretationen bezüglich der Person Marias ist historisch festzuhalten, dass Jesus sowohl eine leibliche Mutter, als auch einen leiblichen Vater hatte. Und er hatte auch **Geschwister**. In der Katholischen Kirche werden sie nur als „Vetter" bezeichnet, in der Evangelischen Kirche und nach Meinung der Wissenschaft waren es aber tatsächlich Kinder von Maria und Joseph. An dieser Stelle scheinen sich die Lehren der Katholischen Kirche und der Bibel ein wenig zu widersprechen. Denn heißt es nicht in der Bibel: „... und sie gebar einen Sohn, den Erstgeborenen" (Lk 2,7)? Wenn Jesus als der Erstgeborene bezeichnet wird, dann ist dies doch eindeutig ein Hinweis darauf, dass er noch jüngere Geschwister gehabt hat. Meinungen, die dagegen sprechen, argumentieren allerdings damit, dass in den orientalischen Gebieten auch heute noch Vetter als Brüder bezeichnet werden. Deshalb war die Frage, ob Jesus wirklich Geschwister hatte, lange Zeit ein beliebtes Streitthema. Heutzutage wird sie von der Wissenschaft weitestgehend bejaht. Außerdem muss noch darauf hingewiesen werden, dass in den hebräischen Ur-Evangelien eindeutig von Brüdern und nicht von Vettern die Rede ist. Das Wort „Vetter" ist nämlich im neuen Testament ein eigenständiges Wort (Kolosser 4,10). Menschlich gesehen ist es auch nicht negativ zu werten, dass Jesus Brüder hatte, da es die

Einzigartigkeit seiner Lehre und seiner Person keineswegs schmälert. Im Gegenteil: Es macht Joseph und Maria noch sympathischer, wenn aus ihrer Ehe noch weitere Kinder hervorgingen, zumal Einzelkinder in der damaligen Zeit eher selten waren und eine kinderreiche Familie einen besonders guten Stellenwert in der Gesellschaft hatte, da sie als von Gott gesegnet galt. Heute ist dies zumeist anders.

Es lassen sich noch weitere Details zu den Brüdern Jesu finden. Zwei von ihnen hießen Jakob und Simeon und waren, wie auch ihr älterer Bruder, sehr engagiert, wenn es darum ging, ihren Glauben zu vertreten. Des Weiteren nennt das Matthäusevangelium noch die Brüder Joseph und Judas. Auch das Jesus Schwestern hatte ist keineswegs unwahrscheinlich. Ihre Existenz wird jedoch nur angedeutet. Namentlich werden sie nicht erwähnt und bleiben so im Dunkeln der Geschichte verborgen. Gelegentlich wird auch angenommen, dass diese Geschwister Jesu einer vorhergegangenen Ehe Josephs entstammten. Für diese Vermutung würde das Jakobusevangelium sprechen, welches im 2. Jahrhundert nach Christus verfasst wurde und nicht in der Bibel zu finden ist. Dieses Evangelium, welches in Originalfragmenten nur bruchstückhaft überliefert ist, beinhaltet Kindheitserzählungen über Jesus. Demnach war Maria eine Tempeljungfrau, die mit einem Witwer verheiratet werden sollte. Aus einem Auswahlverfahren ging Joseph hervor.

Die Heiligen Drei Könige

Kommen wir nun zu dem Ereignis, von welchem die Bibel nach der geglückten Geburt Jesu berichtet, nämlich zu jener Passage, in der die Sterndeuter zum Gotteskind kommen. Diese Geschichte finden wir nur bei Matthäus, was vermuten lässt, dass sie aus dem Sondergut des Evangelisten stammt und den anderen Synoptikern nicht bekannt war. Das wichtigste und bekannteste Element dieser Erzählung ist wohl der Stern, dem die Heiligen Drei Könige folgten und der wissenschaftlich immer wieder versucht wird, in den Zusammenhang mit dem Geburtsjahr Jesu zu bringen. Aber welchen Stern haben die Könige wirklich gesehen bzw. haben sie überhaupt einen Stern gesehen? Noch weiter könnte gefragt werden: Gab es die Heiligen Drei Könige historisch überhaupt? Die letzte Frage ist allzu berechtigt, denn diese biblische Erzählung scheint fast zu schön um wahr sein zu können. Und doch gibt es neben der großen Anzahl von Leugnern der Geschichte auch viele Wissenschaftler, die einen wahren Kern in ihr vermuten. Um dies nachvollziehen zu können, muss die Geschichte jedoch in ihren einzelnen Bestandteilen analysiert werden.

Die **Heiligen drei Könige**, unter deren Titel sie bei uns heute bekannt sind, gab es in der Form, wie sie uns das Matthäusevangelium beschreibt nicht. Im Evangelium selbst ist auch nicht die Rede von Königen. Es wird aber vermutet, dass sich zur Zeit der Geburt Jesu wirklich Menschen auf den Weg gemacht haben, um den verheißenen Messias zu sehen. Der Begriff des Matthäusevangeliums „Sterndeuter" könnte auf die wahren Besucher des kleinen Jesuskindes hindeuten.

Genauer gesagt handelte es sich wohl um Mitglieder einer persischen Priesterkaste aus Palmyra im heutigen Syrien. Ein Indiz hierfür könnten die Stoffreste im Kölner Dreikönigsschrein sein, der die Gebeine dieser Magier enthalten soll. Diese 2000 Jahre alten Stoffreste stammen genau aus dem Gebiet, in welches die Sterndeuter nach heutigen Forschungen angesiedelt werden. Zudem wurde ein, neben der Stadt Palmyra befindlicher Berg in dieser Zeit nachweislich für Himmelsbeobachtungen genutzt. Die ca. 500 km lange Reise nach Jerusalem, hätte mit Rennkamelen innerhalb weniger Tage, also verhältnismäßig schnell, absolviert werden können, wobei sich natürlich die Geschwindigkeit der Tiere, sowie die Straßenverhältnisse zu der damaligen Zeit nicht mit unseren modernen Verkehrssystemen vergleichen lassen. Die Reise war somit trotz allem noch recht beschwerlich. Die Perser waren, wie auch die Juden, sehr gottesfürchtige Menschen und ihre Priester, zu denen die Sterndeuter zu gehören schienen, sehr interessiert an religiösen Dingen. Somit kannten sie vermutlich auch die Schriften des heutigen Alten Testaments und die Vorhersage im vierten Buch Mose: „Ich sehe ihn, aber nicht jetzt, ich erblicke ihn, aber nicht in der Nähe: Ein Stern geht in Jakob auf, ein Zepter erhebt sich in Israel" (Num 24,17). Da den belesenen Sterndeutern also wahrscheinlich bekannt war, dass über dem Hause Jakobs ein Stern aufgehen würde, wenn der Messias geboren wird, machten sie sich schnell auf den Weg, als sie diesen Stern, wahrscheinlich eine besondere Konstellation der Planeten Jupiter und Saturn sahen.

Die „**Stern-Frage**" ist dabei eine äußerst strittige und

spannende Sache.

Einige Wissenschaftler, vor allem des Mittelalters, gingen davon aus, dass es sich bei dem „Stern von Betlehem" (oder nach Auflösung der Frage nach dem Geburtsort besser: der „Stern von Nazareth") um den sehr hellen Halleyschen Kometen handelte, der zuletzt 1986 wieder in die Nähe der Erde kam und von vielen Menschen mit Interesse betrachtet wurde. Bestaunten sie vielleicht den gleichen Stern, der die Geburt Jesu ankündigte? Im Jahre 1705 berechnete der englische Astronom Edmund Halley die Kometenbahn dieses Himmelskörpers und kam zu dem Schluss, dass dieser Komet um das Jahr 4 v. Chr. wirklich am Himmel zu sehen war. Heute ist bekannt, dass sich Halley geirrt hat. In den babylonischen Tafeln ist ein solcher Komet um das Jahr 87 v. Chr. vermerkt. Und auch im Jahre 66 n. Chr. soll er am Himmel gesehen worden sein. Da der Halleysche Komet alle 75 bis 78 Jahre in die Nähe der Erde kommt, muss er auch um die Jahre 12-9 v. Chr. am Himmel zu sehen gewesen sein. Diese Daten passen allerdings nicht in die heutigen Berechnungen bezüglich des Geburtsjahres Jesu, welches ziemlich genau um 4 v. Chr. anzusiedeln ist. Bemerkenswert sind auch die Ausführungen des Matthäusevangeliums dahingehend, dass dieses nicht einen schnell verglühenden Kometen oder eine Sternschnuppe beschreibt, sondern eindeutig einem „Stern", wenn es heißt: „Als Jesus zur Zeit des Königs Herodes in Betlehem in Judäa geboren worden war, kamen Sterndeuter aus dem Osten nach Jerusalem und fragten: Wo ist der neugeborene König der Juden? Wir haben seinen Stern aufgehen sehen und sind gekommen, um ihm zu huldigen" (Mt 2,1-2).

Der Astronom Johannes Kepler berechnete, dass alle 800 Jahre die Planeten Jupiter und Saturn, also die größten Planeten unseres Sonnensystems direkt übereinander zu liegen scheinen und wie ein einzelner großer Stern aussehen. Nach seinen Berechnungen kam es im Jahre 7 v. Chr. im Sternzeichen der Fische zu dieser seltenen Konstellation. Das Jahr passt schon eher zu den heutigen Forschungsergebnissen. Da es von der Konstellation an noch drei Jahre bis zur Geburt Jesu waren, handelt es sich vermutlich nur um einen Verweis des Evangelisten auf das bereits zurückliegendes Ereignis.

Wie können diese Ungereimtheiten in einen sinnvollen Zusammenhang gebracht werden? Es ist denkbar, dass die Sterndeuter wirklich die Jupiter-Saturn-Konstellation im Jahr 7 v. Chr. sahen und diese aufgrund ihrer Schriftkenntnis als Zeichen nahmen, dass der Sohn Gottes geboren sei. Es handelt sich aber aufgrund der zeitlichen Differenz zwischen dem Auftreten der Sternenkonstellation und der Geburt Jesu mit höchster Wahrscheinlichkeit nur um eine Bezugnahme des Evangelisten auf dieses Ereignis, was nicht wirklich parallel zu der Geburt Jesu eintrat.

Die Sondergut-Quelle des Matthäus könnte die Beobachtung der Sternkonstellation und die dazugehörige Vermutung, dass der Erlöser der Welt geboren sei, beinhaltet haben. Als Matthäus später sein Evangelium schrieb, brauchte er eine Geburtsgeschichte Jesu, zu der auch die Erzählung von den Sterndeutern gehören sollte, um zu verdeutlichen, dass Jesus schon bei der Geburt etwas Besonderes war und von „Königen" gehuldigt wurde. Er erfand also die Geschichte, dass die Sterndeuter, die diese außergewöhnliche

Himmelsbeobachtung gemacht hatten, selbst nach Betlehem kamen, um das Kind im Stall zu sehen. Matthäus wusste, dass der „Stern", den die Sterndeuter sahen, in den alten Schriften den Sohn Gottes ankündigten und verknüpfte diese Ankündigung mit seiner Geschichte so, dass die Sterndeuter unmittelbar nach der Geburt den Stern sahen und darauf zur Krippe kamen. Wahr sind aber dabei vermutlich nur die beobachtbare, sonderbare Sternkonstellation und die Geburt Jesu, die vermutlich drei Jahre später stattfand. Die anderen Elemente der Geschichte, wie etwa die Könige bzw. Sterndeuter, die sich auf den Weg zum Geburtsort Jesu machten, sind mit ziemlicher Sicherheit reine Hinzudichtungen.

Das Matthäusevangelium erwähnt nach der Geburtsgeschichte Jesu den **Kindermord in Betlehem**. Geschichtlich gibt es für ein solches Ereignis keine Beweise. Es wäre auf jeden Fall in zeitgenössischen, historischen Schriften erwähnt worden, wenn derartiges stattgefunden hätte, da ein solcher Massenmord an Kindern selbst in dieser Zeit in dem Gebiet Palästinas und überall sonst eine Besonderheit gewesen wäre. Es wird historisch jedoch ein ähnliches Ereignis erwähnt: Demnach ließ Herodes zwei seiner Frauen und drei seiner Kinder ermorden. Er hatte bei seinen eigenen Söhnen Alexander und Aristobolus die Befürchtung, sie würden einen Aufstand gegen ihren eigenen Vater anzetteln. Deshalb ließ er sie um 7 v. Chr. mit mehreren hundert, ebenfalls aufständischen Jugendlichen töten. Es ist anzunehmen, dass der Autor des Matthäusevangeliums dieses Ereignis in Form des biblischen

Kindermordes in sein Evangelium eingebunden hat. Parallel zur Historie sah der Herodes des Matthäusevangeliums eine Gefahr für sich und sein Land, die jedoch nicht von seinen Söhnen, sondern von Jesus ausging. Somit wird durch diese Geschichte schon in den frühen Jahren des biblischen Wirkens Jesu eine gewisse Brisanz um ihn aufgebaut, die sich zum Ende hin noch stark steigert. Es ist wie in einem Krimi: Schon zu Beginn der Erzählung wird Spannung bei dem Leser erzeugt und deutlich gemacht, dass Jesus nicht irgendeine unbedeutende Person ist, sondern die Hauptrolle in den Evangelien und auch im christlichen Glauben spielt.

Die Jugend

Was alles zwischen der Geburt Jesu und den letzten drei Jahren seines Lebens geschah, liegt weitestgehend im Dunkeln. In der Bibel wird nicht viel über diese Zeit berichtet. Das lässt vermuten, dass Jesus eine relativ normale Kindheit verlebt hat.

Kurz nach seiner Geburt wurde er, wie es für einen Juden üblich war, beschnitten: „Als acht Tage vorüber waren und das Kind beschnitten werden sollte, gab man ihm den Namen Jesus, den der Engel genannt hatte, noch ehe das Kind im Schoß seiner Mutter empfangen wurde" (Lk 2,21). Er wuchs auf wie ein richtiger Jude. Da er aus einer sehr gottesfürchtigen Familie stammte, nahmen ihn seine Eltern, wie es dem Brauch der Juden entsprach, öfters mit in die

Synagoge. Davon berichtet auch die Kindheitsgeschichte Jesu, in welcher der Junge nach einem Synagogenbesuch unbemerkt bei den Gelehrten geblieben sein und mit ihnen diskutiert haben soll, als sich seine Eltern schon längst auf den Heimweg gemacht hatten (Lk 2,41-52). Diese Geschichte klingt so unwahrscheinlich, dass man sie in dieser drastischen und wortwörtlichen Form wohl in die Kategorie „Fantasien eines Evangelisten" schieben kann. Dass Jesus wirklich einmal bei einem solchen Besuch in der Synagoge verloren gegangen ist, könnte aber durchaus der Realität entsprechen. Es ist aber unwahrscheinlich, dass Maria, Joseph oder sonst eine Person aus der Pilgergruppe die zu der Synagoge wanderte, dieses Geschehnis weiter erzählte, da es doch sehr peinlich für die Eltern gewesen sein muss und eigentlich auch nicht passieren kann, wenn liebende Eltern ihr Kind bei einer solchen Unternehmung im Auge behalten. Dass Jesus nach dem Evangelisten Markus sogar in der Synagoge gelehrt hat, soll wieder ein Verweis auf seine besondere Gottesgabe sein, um die Einzigartigkeit und die Intelligenz Jesu darzustellen. Im Übrigen wird in dieser Geschichte Joseph, der Vater Jesu, das letzte Mal erwähnt. Vermutlich ist er in der Zeit darauf gestorben.

Eigentlich war Jesus ein ganz „normaler" Junge, der allerdings nach den Aussagen des Thomasevangeliums, welches, wie auch das Jakobusevangelium, nicht in den Kanon der Bibel aufgenommen wurde, äußerst eigensinnig und egoistisch war. Es wird berichtet, dass es die anderen Jugendlichen mit ihm nicht leicht hatten, ja sogar befürchten mussten, von ihm durch eine wundersame Kraft verletzt oder getötet zu werden, wenn sie ihn beim Spielen störten. Wenn dies auch übertrieben und unwirklich klingt, so könnte doch zumindest historisch sein, dass Jesus eher ein Einzelgänger war, der sich von den anderen Kindern absonderte.

Mit hoher Wahrscheinlichkeit erlernte Jesus, wie bereits erwähnt, den Beruf seines Vaters der Zimmermann bzw. Bauhandwerker war. Sein Berufsfeld lag darin, Häuser zu bauen und die dafür notwendigen Werkzeuge auch selbst herzustellen. Er kannte sich also in der Bearbeitung von Holz und Stein recht gut aus. Sein Vater Joseph verstarb womöglich schon recht früh, da er zum einen, wie im Jakobusevangelium berichtet wird, bei der Geburt Jesus schon ein alter Mann war und andererseits nach der Geschichte des zwölfjährigen Jesus im Tempel nicht mehr erwähnt wird. Kurze Zeit später muss er dann aus unbekannten Gründen, vermutlich aber aufgrund seines fortgeschrittenen Alters verstorben sein.

Aus den nun folgenden Jahren, also der Jugend Jesu, ist kaum etwas überliefert. Er hat wohl lange bei seiner Familie bzw. seiner Mutter gelebt, als Zimmermann sein Geld verdient und sich womöglich für die alten Schriften interessiert, wenn er denn lesen konnte, was durchaus wahrscheinlich ist, wie wir bereits feststellen konnten.

Jesus war auch sonst menschlicher, als es in der göttlich anmutenden Beschreibung Jesu in den Evangelien oft den Anschein hat. Die Bibel gibt uns Hinweise darauf, dass Jesus wohl arge Probleme mit seiner Mutter hatte und es deshalb häufig zu Streitereien kam. Ein Beispiel dafür ist eine Szene aus der Geschichte von der Hochzeit zu Kanaan aus dem Evangelium des Johannes: „Als der Wein ausging, sagte die

Mutter Jesu zu ihm: Sie haben keinen Wein mehr. Jesus erwiderte ihr: Was willst du von mir, Frau? Meine Stunde ist noch nicht gekommen" (Joh 2,3-4).

Auch wenn Lukas schreibt, dass Jesus, nachdem er im Tempel von Jerusalem von seinen Eltern „vergessen" wurde, von da an gehorsam war (Lk 2,51), so ist dies offensichtlich nur der Versuch einer (eigentlich nicht notwendigen) Imagerettung der Person Jesu. Er sollte nicht ungehorsam dargestellt werden. Denn dieses entsprach natürlich, obwohl es damals die 10 Gebote in der heutigen Form noch nicht gab, nicht dem Verhalten, das von einem Kind erwartet wurde und erst recht nicht dem Bild eines Gottessohnes entsprach. Auch aus anderen Bibelgeschichten wissen wir, dass Jesus sich durchaus mit anderen Personen angelegt hat. Denken wir hier zum Beispiel an die Händler im Jerusalemer Tempelbezirk, die er nach seiner Ankunft in der Heiligen Stadt kurz vor seinem Tod zornig verjagt haben soll (Mk 11, 15-17). Dass Jesus sich so verhielt, macht ihn für uns in einer gewissen Form noch sympathischer, ja eben menschlicher. Die genauen Gründe für die Konfrontationen innerhalb der Familie sind nicht überliefert. Vielleicht waren es aber auch die Stimmungen des pubertierenden Jungen, die zu solchen Konflikten führten.

Aus dem Interesse an dem überlieferten Wissen der Propheten, versuchte Jesus sich zuweilen selbst als Prophet. Er stieß dabei jedoch eher auf Hohn, als auf Anerkennung und seine Verwandten behaupteten, er sei durchgedreht (Mk 3,21). Diese Behauptung rettete Jesus im weiteren Verlauf sogar das Leben, nämlich als er einen kranken Mann am Sabbat heilte, wo dieser Tag doch nach jüdischem Gesetz ein strenger Ruhetag war. Herodes Antipas sah Jesus deshalb als Widerständler und Gefahrenquelle an. Er kannte seine Verbindung zu Johannes dem Täufer, der ähnlich wie Jesus um 35 n. Chr. gefangen genommen und durch Enthauptung hingerichtet wurde – so berichten es die glaubwürdigen Quellen des Flavius Josephus. Doch zunächst war Jesus an der Reihe: Pontius Pilatus fasste den Entschluss Jesus umbringen zu lassen (Mk 3,1-6). Da Jesus allerdings von seinen eigenen Verwandten als „irre" abgestempelt wurde und deshalb wohl nur, wie es heute im justitiaren Fachjargon heißt, vermindert schuldfähig war, wurde er zunächst verschont. Allerdings war Jesus aufgrund dieser Behauptungen nun erst richtig wütend auf seine Familie und beschimpfte sie. Er ging sogar soweit, dass er seine Familie leugnete, indem er sagte: „*Wer ist meine Mutter, und wer sind meine Brüder*" (Mk 3,33 / Mt 12,48). Speziell das **Verhältnis zu seiner Mutter** war alles andere als positiv. Er nannte sie einfach „Frau" oder „Weib" und hatte auch keinen Skrupel sie in der Öffentlichkeit bloßzustellen (Joh 2,1 ff.). Solche Hinweise in der Bibel spiegeln vermutlich die reale Mentalität Jesu und die Beziehung zu seiner Mutter wider, wobei es wissenschaftlich keine Verweise auf den Grund dieser Abneigung gibt. Ein gutes Verhältnis zu seinen Eltern, wie es sich vermutlich auch die Evangelisten gewünscht haben, hätte in der Bibel keiner besonderen Erwähnung bedurft, sehr wohl aber dieses augenscheinliche Missverhältnis zwischen Mutter und Kind, dass von einem göttlichen Messias normalerweise nicht zu erwarten gewesen wäre. Die Evangelisten, die dieses nicht verschwiegen, scheinen uns, wie auch an so manch anderen Stellen der Bibel, kleine aber feine Botschaften hinterlassen zu haben, die in diesem Fall lauten könnten: Wir beschreiben Jesus zwar als ein übermenschliches, göttliches Wesen, aber in erster Linie war er Mensch - Ein Mensch wie du und ich. Und allein aus dieser Erkenntnis ist es möglich, Jesus wirklich folgen zu können und sein Menschsein in die Kraft Gottes geben zu können.

Von der Liebe zu den Mitmenschen, die Jesus predigte, bekam Maria anscheinend nicht viel zu spüren. Aber wie weit ging seine Liebe zu den übrigen Menschen, besonders zu den Frauen, die nicht seiner eigenen Familie angehörten?

Nicht selten liest man, dass Jesus sehr stark mit **Maria Magdalena** befreundet, ja sogar verheiratet gewesen sein soll. Einer der bekanntesten Vertreter dieser These ist der berühmte Reformator Martin Luther. Und tatsächlich scheint Maria aus dem Ort Magdala, der ebenfalls am See Genezareth lag, im Leben Jesu eine äußerst wichtige Rolle eingenommen zu haben. Sie wird mehrfach namentlich erwähnt (z. B. Mk 15,40 f.) und reiste viel mit Jesus umher (Lk 8,1-3), was für jüdische, unverheiratete Frauen doch recht abnorm war. Sie war auch in der Stunde seines Todes an der Seite Jesu und die Erste, die zu seinem Grab ging. Liegt es da fern zu fragen, ob es möglich war, dass Jesus wirklich verheiratet war? Es gibt nämlich sogar einige Punkte, die darauf hinweisen, dass Jesus verheiratet gewesen sein könnte.

Jesus – Der Ehemann und Partygänger

Jesus selbst hatte nicht nur eine Schwäche für Hochzeiten, auch die Ehe erkannte er als von Gott gegeben und somit als gut an (Mt 19,4 f.). Wenn Jesus sich als „**Bräutigam**" bezeichnet (Mk 2,19), dann hätte er doch unglaubwürdig sein müssen, wenn er selbst keiner war, zumal auch Personen in seinem näheren Umfeld, wie etwas sein Lieblingsjünger Simon Petrus, verheiratet waren. Und schließlich war Jesus bei den Frauen auch sehr beliebt, wurde nach Lukas häufig von Frauen begleitet und wendete sich selbst auch den Frauen zu, die in der damaligen Rangordnung dem Mann klar untergeordnet waren und nur wenige Rechte besaßen. Die Frauen unterstützten ihn nicht nur geistig, sondern auch finanziell „mit dem, was sie besaßen" (Lk 8,1-3) und hielten so die Reisekasse auf Vordermann, die Jesus als Wanderprediger benötigte. Jesus war im Judentum verankert und lebte auch die Bräuche, die damit verbunden waren. So war es auch eine nicht gesetzmäßige, wohl aber gesellschaftliche Pflicht, dass ein Jude bis zum 30. Lebensjahr verheiratet sein sollte. Es gab dabei gewiss auch Ausnahmen, aber da Jesus ein relativ gutes Ansehen in seiner Umgebung hatte, ist es annehmbar, dass er den jüdischen Sitten folgte. Ein so berühmter Mann, wie Jesus in den Folgejahren durch seine Lehren und Ansichten wurde, sollte auch eine gewisse Attraktivität auf die Frauen ausgestrahlt haben. Da das Verheiratetsein eine Selbstverständlichkeit darstellte, wird es wahrscheinlich in den Evangelien erst gar nicht erwähnt, sondern vor allem für die frühen Leser der Evangelistentexte vorausgesetzt. Viele gläubige Christen wollen dies allerdings augenscheinlich nicht akzeptieren und halten stattdessen verstärkt an den Aussagen des Paulus fest, der die Ehe nur als Notwendigkeit ansah, der Unzucht entgegenzuwirken. Jener wendete sich von den Frauen ab (1 Kor 7,1-2) und bezeichnete die Ehe als problematisch, weil sich die Verheirateten eher um ihren Partner kümmern, als um Gott (1 Kor 7,32 ff.). Mit dem jesuanische Gesetz der Nächstenliebe ist dies jedoch nicht konform und theologisch betrachtet könnte an dieser Stelle behauptete werden: Wenn Gott die partnerschaftliche Bindung unter den Menschen nicht gewollt hätte, warum entwickeln die Menschen dann überhaupt das von Gott geschenkte Gefühl der Liebe zueinander, dass sie sogar eine lebenslange Bindung eingehen lässt? Auch die katholische Kirche stützt sich in ihrem Zölibatsgesetz aus dem 11./12. Jahrhundert auf die Überlegungen des Paulus, dass unverheiratete Priester mehr Zeit für Gott haben. In der Zeit vor der Einführung des Zölibats gab es kein ähnliches Gesetzt, womit es auch nicht als von Jesus befohlen angesehen werden kann. Es ist schlichtweg eine Erfindung der Kirche, die sich an den Ansichten des Paulus orientiert. Luther wandte sich später gegen diese Regelung und sorgte dafür, dass das Zölibat weitestgehend außer Kraft gesetzt wurde, sodass die Pfarrer in der Evangelischen Kirche heutzutage auch heiraten dürfen. Unabhängig vom eigentlichen Zölibatsgesetz kam der Gedanke, dass Kirchenanhänger enthaltsam leben sollen, schon ansatzweise im 4. Jahrhundert zur Sprache. Zuvor, also auch zur Zeit Jesu, gab es diese Barrieren, die heute einen der Hauptangriffspunkt an der katholischen Kirche bilden, wie bereits erwähnt nicht. Somit war es damals, zur Zeit Jesu, üblich, dass fromme Juden verheiratet waren.

Jesus wird in der Bibel gelegentlich als „Rabbi" bezeichnet. Dieser Ausdruck hat weniger mit einem jüdischen Pastor zu tun, als es in der Gegenwart der Fall ist. „Rabbi" war vielmehr ein allgemeiner Respektsausdruck, der beispielsweise Lehrern galt. Diese Personen waren Vorbilder und mussten daher besonders stark im jüdischen Glauben verwurzelt sein, womit auch eine Eheschließung einherging. Alle Anzeichen sprechen also dafür, dass Jesus verheiratet war. Auch dass er, wenn er wirklich verheiratet war, mit Maria Magdalena liiert gewesen war, ist ziemlich wahrscheinlich, wenn sie neben seiner Mutter biblisch als wichtigste weibliche Bezugsperson Jesu gezeigt wird und ihm sogar die Füße küsste (die Frau in Lk 7,44 ff. ist wahrscheinlich Maria Magdalena). Sie war die Frau, die mehr als alle anderen Frauen an seiner Seite erwähnt wird und sie ist es beispielsweise auch, die nach der Erzählung des Evangelisten Johannes alleine zum Grab des toten Jesu ging und bemerkte, dass der Leichnam verschwunden war (Joh 20,1). Auch wenn Johannes aus historischer Sicht noch weniger an der Wirklichkeit der Lebensgeschichte Jesu interessiert war, als die anderen Evangelisten, so ist es doch in jedem Fall verwunderlich, dass er Maria Magdalena als Erste zum Grab gehen lässt. Warum erwähnt er dies so unmissverständlich? Selbst wenn das Ereignis historisch nicht wie von Johannes beschreiben stattgefunden hat, steckt doch zumindest eine Aussageabsicht hinter der Geschichte. Vielleicht ist es ein versteckter Hinweis des Evangelisten darauf, dass Maria Magdalena die besondere Frau im Leben Jesu war – seine Ehefrau? Den Gipfel der ganzen Diskussion bildet eine Geschichte im apokryphen Philippusevangelium, nach dem Jesus Maria Magdalena vielleicht sogar auf den Mund geküsst hat.

Die Funde des Philippusevangeliums, welche die Kussszene beinhalten, bestehen aus stark zerstörten Textblättern. Es lässt sich nur noch ein Teil davon entziffern. So wird auch nicht wirklich klar, wohin Jesus Maria geküsst haben soll, da an dieser Stelle des Blattes ein Loch ist. Dass es ein Kuss auf den Mund gewesen sein könnte, ist lediglich eine mögliche Vermutung. Es wäre auch gar nicht mal so verwunderlich, dass Jesus Maria küsste. Dieses bedeutet nicht automatisch, dass er es als Ausdruck der besonderen Liebe zur ihr gemacht hat, also so, wie ein Mann seine Frau küsst. Es war vielleicht nur ein freundschaftlicher Kuss. Oder wohlmöglich war es auch der heilige Kuss, der im Neuen Testament an anderen Stellen erwähnt wird (Röm 16,16 / 1 Thess 5,26). Dieser heilige Kuss wird auch später von den Evangelisten im Judaskuss aufgenommen, wenn dieser Jesus aus verräterischer Absicht küsst.

Im Lukasevangelium finden wir eine interessante Passage, die in der Lutherbibel wie folgt zu finden ist: „Wenn jemand zu mir kommt, und hasst nicht seinen Vater, Mutter, Frau, Kinder, Brüder, Schwestern und dazu sich selbst, der kann nicht mein Jünger sein" (LUT - Lk 14,26).

Was ist denn da mit dem sonst so sanftmütigen Jesus los? In der Einheitsübersetzung wird das Wort „hasst" durch „gering achtet" übersetzt, was die eigentliche Brisanz aber nicht mindert. Jesus predigt immer von der Nächstenliebe und dann sollen nur die seine Jünger werden dürfen, die ihre Familie hassen? Ich denke, wir haben es hier mit einer

Übertreibung zu tun, die in einem anderen Sinn zu verstehen ist. Jesus will natürlich keinen Hass, wo er sonst Nächstenliebe predigt. Er will hier lediglich klarmachen, dass jeder, der ihm nachfolgen will, bereit sein muss, seine Familie und seine Freunde zu verlassen. Auch wenn wir an dieser Stelle das Wort „hassen" in verschiedenen Bibelübersetzungen finden, gibt es dagegen auch Übersetzungen, die eine andere, sinnigere Übersetzung bevorzugen, wie beispielsweise die Neue Genfer Übersetzung: „Wenn jemand zu mir kommen will, muss er alles andere zurückstellen – Vater und Mutter, Frau und Kinder, Brüder und Schwestern, ja sogar sein eigenes Leben; sonst kann er nicht mein Jünger sein" (NGÜ - LK 14,26). Die Gute Nachricht Bibel schreibt an dieser Stelle ähnlich: „Wer sich mir anschließen will, muss bereit sein, mit Vater und Mutter zu brechen, ebenso mit Frau und Kindern, mit Brüdern und Schwestern; er muss bereit sein, sogar das eigene Leben aufzugeben. Sonst kann er nicht mein Jünger sein." (GNB – LK 14,26). Diese Übersetzungen spiegeln wohl eher den Charakter Jesu wider und sagen wohl das aus, was Jesus wirklich meinte. Er war eben ein Verfechter der Nächstenliebe, die für ihn das wichtigste Gebot darstellte.

Um wieder zu der Jesus- Maria Magdalena Beziehung zu gelangen, soll auch auf moderne, untheologische Ansichten verwiesen werden. Besonders Dan Brown hat in seinem Buch „Sakrileg- The Da Vinci Code" versucht, mithilfe seiner „Heiliger Gral – Theorie" zu zeigen, dass Jesus und Maria Magdalena verheiratet waren und sogar Kinder hatten. Besonders seine Werke ziehen viele Leser und Kinobesucher in ihren Bann, weil Dan Brown ein wahrer Meister der mystischen Unterhaltung ist, der jedoch weniger Wert auf Wahrheiten legt, sondern auf spannende Verschwörungstheorien verweist.

In diesem Kapitel soll Jesus auch noch als „**Partygänger**" näher betrachtet werden. Dies klingt in den Ohren der meisten Christen zunächst äußerst verfremdend und aufgrund des provozierenden Ausdrucks nach einem zügellosen Messias-Leben. Der Begriff des Partygängers kann aber beruhigt auch durch die Behauptung relativiert werden, dass Jesus gerne Gast auf Hochzeiten und anderen Festen war. Jesus genoss eben sein Leben wie andere Menschen auch. Besonders das gute Essen und der Wein hatten es ihm angetan. Er wird sogar von seinem Umfeld etwas drastisch als „Fresser und Säufer" bezeichnet (Mt 11,19), der sich besonders auf Hochzeiten wohlfühlte. Deshalb hielt er auch wohl vom Fasten nicht viel, wie es beispielsweise Johannes tat. Dieser ernährte sich nach biblischen Aussagen in der Wüste von wildem Honig und Heuschrecken. Für Völker, die fern der Zivilisation leben, sind diese Nahrungsmittel ganz alltäglich, sehr delikat und zudem noch äußerst kalorienreich. Man kann eine gewisse Zeit also gut davon leben, auch wenn wir uns dies in unserer heutigen Konsumgesellschaft nur schwer vorstellen können. Dass Jesus selber nicht viel vom Fasten hielt, machte er den Jüngern deutlich, als diese ihm nach seiner Meinung zum Fasten fragten. Er antwortete darauf: „*Können denn die Hochzeitsgäste fasten, solange der Bräutigam bei ihnen ist? Solange der Bräutigam bei ihnen ist, können sie nicht fasten*" (Mk 2,19 / Mt 9,15). Interessant ist an diesem Bibelausschnitt im Übrigen auch, dass sich Jesus selbst als

Bräutigam bezeichnet. Das biblische Fasten Jesu in der Wüste (Mt 4,1-11), welches fast sechs Wochen dauerte, ist nicht als wahres Ereignis anzusehen. Es soll vielmehr den Stellenwert des Wortes Gottes bekräftigen und damit zeigen, dass nicht nur die physische Nahrung für unser Leben wichtig ist, sondern, dass auch das Wort Gottes und das Handeln nach Gottes Willen, welches sich im menschlichen Miteinander zeigen kann, ausschlaggebend für unser Wohlbefinden ist. So handelte auch Jesus. Er feierte, aß und trank für sein Wohlergehen und kümmerte sich mittels Wort und Tat um die bedürftigen Menschen.

Die vergessenen Jahre

Bevor wir uns nun der Geschehnisse der letzten Tage im Leben Jesu zuwenden, sollen an dieser Stelle Vermutungen über die Vorgänge in den Jahren zwischen Jugend und dem Beginn seines öffentlichen Wirkens aufgestellt werden, welche in der Bibel nicht beschrieben sind. Man fragt sich, was Jesus in dieser Zeit gemacht haben könnte. Dazu gibt es zwei akzeptable Theorien: Die erste sagt, dass Jesus seinem Beruf nachging und somit keine besonderen Dinge passierten, über die es sich lohnen würde zu berichten. Die andere Theorie, die sogar von einigen Wissenschaftlern vertreten wird, ist, dass Jesus in dieser Zeit nach **Indien** ging. Zu dieser These gibt es angeblich auch Beweise. Genau in der Zeit, zu welcher die Bibel nichts zu berichten weiß, sind

Schriften entstanden, die von einem Aufsehen erregenden Menschen berichten. Diese Schriften stammen aus Indien. Ist Jesus jener interessante Mensch gewesen, von dem die Inder so begeistert waren? Es scheiden sich an dieser Stelle die Meinungen. Es kann nicht wirklich bewiesen werden, dass Jesus in Indien war. Aber es kann auch rein logisch nicht ausgeschlossen werden, obwohl die Namen, die in den beschriebenen Schriften erwähnt werden, nicht mit dem Namen Jesu korrespondieren. Es steht also nicht explizit geschrieben, dass Jesus dieser erwähnte Mann war. Folglich könnte es sich auch um jede andere Person gehandelt haben, die durch ungewöhnliche Handlungen auffiel. Da aber auch die Inder ein wenig von dem Aufsehen um Jesus profitieren wollten, stellten sie die These auf, dass er es war, der in seiner Jugend in Indien lehrte und Wunder vollbrachte. Da es nicht vollends auszuschließen ist, dass Jesus diese Reise unternahm, soll nicht behauptet werden, die Inder seien Lügner. Aber es ist nicht sehr wahrscheinlich, dass Jesus eine Zcit lang in Indien lebte, lernte und lehrte.

Heute gibt es viele Bücher, die davon berichten, was Jesus in dieser Zeit in Indien gemacht haben soll. Demnach hat Jesus nach seiner Kindheit mehr in seine Bildung investiert, als in seinen „Geldbeutel", die Arbeit als Zimmermann also nicht konsequent durchgeführt. Doch Jesus konnte es sich nicht leisten einfach so in der Welt herum zu reisen, weil er, genau wie sein Vater, nur ein einfacher Arbeiter war. Also muss auch Jesus für seinen Lebensunterhalt hart gearbeitet haben. Und das würde erklären, warum in der Bibel nichts über seine Jugend berichtet wird. Es ist auch nicht wirklich spannend über die simple Arbeit eines Handwerkers zu berichten. Erst die letzten Jahre des Lebens Jesu sind wieder interessant, als er begann, öffentlich zu wirken und Wunder zu vollbringen. In dieser Zeit wurde auch sein Umfeld auf ihn aufmerksam.

Wir können das Leben Jesus in drei Bereiche, beginnend mit dem letzten und wichtigsten Lebensabschnitt unterteilen: Die Jahre seines Wirkens, sowie sein Leiden und Sterben, sind unstrittig die interessantesten. Jesus erregte in dieser Zeit Aufsehen, die Menschen merkten sich, was geschah, und erzählten dies weiter. Zu diesem letzten Lebensabschnitt finden wir auch die meisten historisch belegbaren Aussagen, also Ereignisse, die wirklich so ähnlich geschehen sind, wie sie uns in den Evangelien dargestellt werden. Dann gibt es den mittleren Lebensabschnitt, die Jugend Jesu bzw. Jesus als junger Mann, über welchen wir kaum etwas wissen. Davor befinden sich die Geburtsgeschichte und vereinzelte Erzählungen aus seiner Kindheit. In diesen frühen Jahren gab es noch keine Wunder, die direkt von Jesus ausgingen. Er war also, außer im Bezug auf die alten Schriften, welche die Ankunft des Messias prophezeiten, eine noch nicht so interessante Person, wie er später wurde, vor allem in den vielen hundert Jahren nach seinem Tod. Wenige Leute vermuteten damals den Messias in dem kleinen Jesuskind, doch der Großteil der Bevölkerung wusste nicht, wer er war. Folglich ist es für diese Zeit auch schwierig, fundierte Aussagen zum historischen Jesus zu treffen. Seine Kindheit wurde von den Evangelisten in historisch fraglicher Weise zu rekonstruieren versucht, indem diese aus nachösterlicher Sicht biografische Texte über Jesus zu schrieben versuchten, obwohl sie vermutlich wenig über den jungen Jesus wussten.

Sie stellten Jesus als den auferstandenen, im Alten Testament prophezeiten Messias dar, erinnerten sich an das, was die alten Schriften über die Ankunft des Gottessohnes ankündigten und packten dies in eine weitestgehend selbst gestrickte Rahmenerzählung, die aus den ihnen vorliegenden, meist unhistorischen Erzählungen zusammengesetzt wurde.

Gerade weil Jesus in seinen frühen Jahren in der Bevölkerung weitestgehend unbekannt und uninteressant war, finden sich keine eindeutigen Beweise dafür, dass Jesus in Indien war, aber auch nicht, dass er nicht da war. Fest steht jedenfalls, dass er seine letzten Lebensjahre (wieder) in seiner Heimat Palästina verbrachte. Dieses war auch die Zeit, in welcher er begann, Jünger um sich zu scharen.

Das öffentliche Wirken Jesu

Ungefähr drei Jahre vor seinem Tod am Kreuz begann Jesus öffentlich zu wirken. Das lässt sich unter anderem daraus schließen, dass das Johannesevangelium von drei Paschafesten berichtet (Joh 2,13; Joh 6,4; Joh 11,55), die Jesus besucht haben soll. Dieses gilt nur für die **Zeit des öffentlichen Wirkens**. In seiner Kindheit und Jugend war er womöglich jährlich mit seiner Familie zum Paschafest gepilgert, wie es der jüdischen Tradition entsprach. Johannes erwähnt in der Zeit des Wirkens Jesu drei Besuche. Der Hinweis auf ein weiteres Fest in Joh. 5,1 könnte sogar auf vier Paschafeste in der Zeit des öffentlichen Wirkens Jesu schließen lassen. Stützt man sich jedoch auf die synoptischen Evangelien nach Matthäus, Markus und Lukas, so findet man nur die Erwähnung eines Paschafestes. Demnach könnte sich das öffentliche Wirken theoretisch auf ein Jahr reduzieren. Es wird jedoch für gewöhnlich von drei Jahren des Wirkens ausgegangen, sodass in diesem Punkt die Quellenlage bei Johannes als historischer zu werten ist, als bei den Synoptikern. Jesus war somit um die dreißig Jahre alt, als seine „Karriere" um das Jahr 28 n. Chr., also dem in der Bibel erwähnten 15. Jahr des Tiberius, herum begann (Lk 3,1). Wie genau diese letzte Angabe ist, bleibt unklar. Es könnte durchaus sein, dass die Evangelisten hier eigenen Berechnungen gefolgt sind, die auch fehlerhaft sein können. Tiberius war nämlich anfänglich im Osten des Römischen Reiches nur Koregent von Augustus. Diese Aufgabe hatte er drei Jahre lang inne. Erst danach, im Jahre 14 n. Chr. begann die Alleinherrschaft des Tiberius. Sind diese drei vorhergehenden Jahre also nun in die Angabe vom 15. Jahr des Tiberius eingerechnet, oder müssen wir diese noch hinzuzählen? Mit Einberechnung verweist die Bibel auf das Jahr 25 n. Chr., ohne würde das Jahr 28 n. Chr. gemeint sein. Diese Unklarheit lässt somit einen Spielraum für das öffentliche Wirken Jesu von drei Jahren. Der Zeitpunkt des Beginns muss in die Jahre 25 bis 30 datiert werden. Am wahrscheinlichsten sind die Jahre 27 oder 28 n. Chr..

In der Geschichte der Tempelreinigung Jesu, ein Ereignis, dass der Evangelist Johannes in die Anfangszeit des öffentlichen Wirkens Jesu setzt (Joh 2,13-22), befindet sich ein konkreterer Hinweis auf den Zeitpunkt. Die Juden wollen ein Zeichen Jesu, dass er berechtigt sei, die Händler aus dem

Tempel zu vertreiben und Jesus fordert sie auf, den Tempel nieder zu reißen. Er wolle ihn dann in drei Tagen wieder aufbauen, ein Hinweis des Evangelisten auf die spätere Auferstehung Jesu am dritten Tag. Die bei Johannes zu findende Aussage, dass 46 Jahre an dem Tempel gebaut worden wäre (Joh 2,20) und das Wissen, dass Herodes mit dem Bau ungefähr im Jahre 19 v. Chr. begann, lässt den Beginn des öffentlichen Wirkens Jesu mit dem Paschafest im Jahre 28. n. Chr. vermuten. Ein weiterer, jedoch kritisch zu beurteilender Hinweis ist die biblische Angabe, Jesus sei etwa dreißig Jahre alt gewesen, als sein öffentliches Wirken begann (Lk 3,1). Diese Angabe ist zwar historisch nachvollziehbar, der Beginn des Wirkens mit 30 Jahren begegnet uns aber auch bei Ezechiel (Ez 1,1), David (2 Sam 5,3) und Joseph (Gen 41,46). Auch diese drei Personen wurden mit dreißig Jahren öffentlich aktiv, sodass sich Jesus in eine Tradition einzureihen scheint. In wieweit die neutestamentliche Angabe also wahr ist, oder vielleicht wieder nur einen Bezug zu anderen biblischen Personen und Textpassagen darstellt, ist ungewiss.

Da das Jahr 30 n. Chr. als Todesjahr Jesu angenommen werden kann, und sein öffentliches Wirken etwa drei Jahre dauerte, kommen wir auch historisch erneut auf ein Alter von etwa 30 Jahren und die Jahre 27 bzw. 28 n. Chr. bezüglich seines Aktivwerdens. Diese Berechnungen scheinen somit historisch stimmig und auch haltbar zu sein.

Der **Ort des Wirkens** Jesu lässt sich auf das Gebiet um den See Genezareth lokalisieren, welcher circa hundert Kilometer nördlich des Toten Meeres liegt und etwa ein Drittel der

Größe des Bodensees besitzt. Er befindet sich, wie auch die von der Bibel erwähnten Orte, an denen Jesus seine Wunder und Zeichen tat, in Galiläa. Jesus lebte in der Zeit seines Wirkens im galiläischen Kafarnaum in einem kleinen Fischerhaus. Dieses Haus war das Haus des Jüngers Simon Petrus und seines Bruders Andreas (Mk 1,29), die Fischer am See Genezareth waren. Zu jener Zeit, als Jesus hier gelegentlich am See lebte, zog er als Wanderprediger durch jüdische Orte am nördlichen Ufer des Sees. Er machte also keine weiten Reisen, sondern predigte in einem relativ kleinen Gebiet. Die Orte seines Handelns können in der Bibel nachgelesen werden. Die Wundergeschichten sind dabei mit Vorsicht zu betrachten und zumeist reine Erfindungen der Evangelisten. Nur die Heilungsgeschichten und Dämonenaustreibungen beruhen vermutlich teilweise auf Tatsachen. Die Naturwunder dagegen sind Erfindungen und aus der nachösterlichen Erfahrung entstanden. Dieses soll später noch in dem Kapitel „Wunder und Zeichen" näher erläutert werden.

Jesus von Nazareth (2. Teil)

Die Datierung der letzten Tage

Jesus kam am Sonntag oder Montag vor dem jüdischen Paschafest in Jerusalem an. Es war der 2. oder 3. April des Jahres 30. Diese Berechnungen hängen mit Todestag Jesu zusammen, der mit großer Wahrscheinlichkeit auf Freitag, den 7. April 30 zu datieren ist. Warum? Zunächst sind sich alle Evangelisten einig, dass Jesus an einem Freitag gestorben ist. Somit ist dieser Tag auch als der historisch wahrscheinlichste Todestag anzusehen. Dass es der Rüsttag des Paschafestes, der 14. Nisan war, belegen ebenfalls alle vier Evangelisten (z. B. Mt 26,1-5; 27,15; Mk 14,1f; Lk 23,17; Joh 18,28). Das Jahr und der genaue Termin des Todes Jesu werden aufgrund folgender Berechnungen auf den 7. April des Jahres 30 festgelegt:

Nach Ex 12,2 begann das kultische Jahr am 1. Nisan, der bei Neulicht durch den Sonnenuntergang eröffnet wurde. Mit dem Sonnenuntergang am Ende des 14. Nisan begann der 15. Nisan und jene Nacht, die als erste Vollmondnacht im Frühling angesehen und in der das Paschafest gefeiert wurde. Für das Jahr 30 wird der Begin des 1. Nisan auf den 24. März datiert. Daraus folgt, dass der 14. Nisan vom Abend des 06. April bis zum Abend des 07.April ging. Der 15. Nisan, an dem das Paschafest begann, reichte vom 07. April gegen 18.00 Uhr bis zum Folgetag ebenfalls etwa um 18.00 Uhr. Somit war der 14. Nisan, der 07. April des Jahres 30, der Rüsttag des Paschafestes. Da am eigentlichen Fest bzw. am

Sabbat keine Hinrichtungen stattfinden durften, musste Jesus an diesem Tag bis spätestens 18.00 Uhr hingerichtet worden sein. Somit ist der Todestag Jesu historisch recht genau auf Freitag, den 7. April des Jahres 30 datierbar.

Die Ankunft in Jerusalem

Wir blicken nun direkt in die letzten Tage des Lebens Jesu, da, wie bereits erwähnt, nicht viel aus seiner Kindheit und Jugend überliefert ist. Erst die Tage des Leidens und Sterbens machten sein irdisches Dasein so interessant und spannend. Erst diese Tage gaben seinem Leben zusammen mit der noch folgenden Auferstehung theologisch einen Sinn. Somit ist hier erneut die Frage nach dem historischen Hintergrund besonders spannend.

Wenn auch allgemein nur sehr wenig über den wahren, den historischen Jesus bekannt ist, so verfügt die Wissenschaft doch über ein sehr detailliertes Wissen bezüglich der letzten Tage seines Lebens. Jesus hatte mittlerweile durch seine Wunder und Reden einen gewissen Bekanntheitsgrad erlangt. Dieses scheint sich in der Erzählung vom Einzug in Jerusalem widerzuspiegeln. Mit diesem Ereignis beginnen seine letzten Lebensstunden.

Jerusalem war vor zweitausend Jahren die religiöse Metropole, die „Heilige Stadt" Israels, auf welche das Judentum ausgerichtet war. Sie liegt nordwestlich des Toten Meeres knapp 140 km Luftlinie von Jesu Heimat entfernt in

Judäa. Da es zur damaligen Zeit noch keine Autos gab, musste Jesus zu Fuß oder auf Kamelen nach Jerusalem gelangen, was etwa zwei bis drei Tage dauerte.

Um die Situation rund um die jesuanische Passionsgeschichte ein wenig besser verstehen zu können, wird zunächst die **politische Situation** der damaligen Zeit kurz erläutert. Die Stadt Jerusalem war zu jener Zeit von einer Untergangsstimmung erfasst. Innerhalb des Judentums brodelte es. Unterschiedliche religiöse und politische Fraktionen prallten aufeinander. Die Römer, die seit einigen Jahren bereits die Besatzungsmacht bildeten, wollten den Frieden, notfalls mit Gewalt und spalteten so das Volk in ein romfeindliches und ein romfreundliches Lager. Den frommen Pharisäern stand die jüdische Herrschafts- und Adelsschicht der Sadduzäer gegenüber. Beide versuchten sich mit den Römern zu arrangieren, anders als die militanten Zeloten, die den Kampf mit Rom suchten.

Jesus kam, wie im vorherigen Kapitel bereits beschrieben, am Sonntag oder Montag vor dem jüdischen Paschafest, also etwa eine Woche vorher in Jerusalem an. Grund für seine Reise war, neben dem rituellen Aspekt und der familiären Tradition des Besuchs des **Paschafestes**, das Verlangen Jesu danach, seine Botschaft auch über Galiläa hinaus zu verbreiten. Gerade die Heilige Stadt Jerusalem bot diesbezüglich gute Möglichkeiten. Mit dem Tempel bildete sie das religiöse Zentrum Palästinas. Jesus wusste jedoch auch, dass Jerusalem für ihn gefährlich, zu einem „heißen Pflaster" werden konnte, wenn die Römer einen Aufstand witterten. Umso mutiger ist es also zu werten, dass er gerade hier und zu dieser Zeit seine provokative Botschaft verkünden wollte.

Dieser Schritt grenzte nahezu an Selbstmord, denn Jesus musste damit rechnen, arge Probleme mit den Römern zu bekommen, die besonders in den Tagen des Paschafestes in höchster Alarmbereitschaft waren. Die Sicherheitsvorkehrungen waren zu der Zeit enorm, da mit einem Menschenaufkommen gerechnet wurde, dass wir mit keiner uns bekannten Großveranstaltung vergleichen können. So erwähnt Flavius Josephus in seiner „Geschichte des Jüdischen Krieges" (VI, 9, 3), dass aufgrund der ihm bekannten Menge von Lämmern, die an die Besucher verkauft wurden, über 2,5 Millionen Besucher zu diesem Fest nach Jerusalem, einer Stadt mit damals vermutlich gerade mal 30.000 Einwohnern, gekommen sein mussten. Auch wenn es keinen direkten Gegenbeweis für diese Zahl gibt, scheint sie ein wenig hoch gegriffen zu sein. Jedoch sind 300.000 Besucher und mehr durchaus realistisch. Auch diese Anzahl von Pilgern ist noch unglaublich, wenn man bedenkt, dass sie in etwa mit den Stadionbesuchern aller Stadien der Fußball-Bundesliga an einem Wochenende vergleichbar ist.

Jesu irres Vorhaben hat den Menschen um ihn herum mit Sicherheit imponiert, sodass sie seinen **Einzug in Jerusalem** so feierten, wie es in der Bibel geschrieben steht. Übertrieben wäre allerdings die Vorstellung, dass die Leute massenweise aus allen Ecken Jerusalems herbeikamen, um Jesus zu sehen. Auch wenn ihn in seiner Heimat seine Heilungen bekannt gemacht hatten, war sein Ansehen in Jerusalem nicht größer, als das anderer Pilger. Die Personen, die ihm zujubelten, waren vielmehr die mitgereisten Anhänger Jesu, die sich natürlich freuten, wie jedes Jahr endlich wieder in Jerusalem angekommen zu sein und dass mit einem so mutigen und in seiner Heimat auch bekannten Menschen, wie es Jesus war. Die Menschen, die zum Paschafest strömten, trafen unterwegs viele Gleichgesinnte und schlossen sich zu einer Wallfahrtsgruppe zusammen. Für einen Juden war die Wallfahrt nach Jerusalem Pflicht. Und somit kannte auch Jesus die Stadt bereits aus früheren Besuchen. Jedes Jahr reiste die Familie zum Paschafest in die Stadt am Judagebirge (Lk 2,41). Generell wurden die Wallfahrer in Jerusalem immer freundlich, ja fast euphorisch begrüßt. Doch dieses Mal war es für Jesus keine Wallfahrt. Er kam als Lehrer, der in seiner Heimat mit mittelmäßigem Erfolg versucht hatte, seine Botschaft zu verkünden, nach Jerusalem, um dort die gewünschte Aufmerksamkeit zu erfahren, die er haben wollte. Denn auch schon damals galt: Wer provoziert, der fällt auf! Dies war den Römern, die Jerusalem kontrollierten, natürlich alles andere als recht.

Jesus zog an diesem 2. oder 3. April aus nordöstlicher Richtung kommend durch das heutige Stephanus-Tor (Stephanus soll hier nach Apg 7,58f. gesteinigt worden sein) in Jerusalem ein. Sah er hinter sich, musste er einen guten Blick auf das Kidrontal, auf den Garten Gethsemane und den Ölberg gehabt haben, also die Orte, die ihn in den nächsten Tagen noch in äußerst negativem Zusammenhang, nämlich im Rahmen seines Leidens und Sterbens begegnen sollten.

Beim Einzug Jesu in Jerusalem soll dieser auf einem Esel geritten sein. Die Esel-Erzählung ist mit hoher Wahrscheinlichkeit keine historische Begebenheit, sondern eine ergänzende Geschichte der Anhänger Jesu gewesen, welche alle vier Evangelisten übernommen haben. Möglicherweise entstammt sie aber auch einer anderen

Quelle, die allen Evangelisten vorlag. Das Reiten Jesu auf einem Esel spielt auf eine Prophezeiung Sacharias an, die besagt: „Juble laut, Tochter Zion! Jauchze, Tochter Jerusalem! Sieh, dein König kommt zu dir. Er ist gerecht und hilft; er ist demütig und reitet auf einem Esel, auf einem Fohlen, dem Jungen einer Eselin" (Sach 9,9). Ganz auszuschließen ist es nicht, dass sich Jesus wirklich auf einen Esel setzte, weil er sich an die Worte der Prophezeiung in den alten Schriften erinnerte und zeigen wollte, dass er derjenige sei, den der Prophet Sacharia ankündigte. Wir gehen aber eher davon aus, dass der Ritt auf dem Esel unhistorisch ist. In dem Trubel rund um das Paschafest war es vermutlich äußerst schwierig einen Esel zu leihen bzw. aus der Heimat mitzuführen und diesen für die Zeit des Aufenthalts in Jerusalem zu versorgen. Zudem sollte es den Pilgern in Jerusalem, abgesehen von den Anhängern Jesu, wohl egal gewesen sein, ob Jesus auf einem Esel ritt oder nicht. Die meisten kannten nämlich die Vorhersage des Propheten nicht und die Gelehrten, die die alten Schriften kannten, nahmen wohl bei einem Mann auf einen Esel nicht direkt an, dass es der angekündigte Messias sei, der dort in die Stadt ritt. Bei dem Gedrängel musste ein Esel vermutlich auch störend gewirkt haben. Oder freuen wir uns, wenn sich beim Einkaufsbummel in einer Fußgängerzone plötzlich ein Auto durch die Menschenmassen drängt? Esel waren zudem eher ein Privileg der Reichen, was es ebenfalls ein wenig unwahrscheinlicher macht, dass Jesus einen Esel besaß, da er aus ärmeren Verhältnissen stammte, wenn er auch nicht unbedingt aus Armut hungern musste. Die Ansicht, die beispielsweise US-Pfarrer Thomas Anderson vertritt, dass der

Ritt Jesu auf dem Esel und andere Aussagen der Bibel darauf verweisen könnten, dass Jesus wohlhabend gewesen sein könnte, sind für mich nicht wirklich realistisch, da die Mehrheit anderweitiger Aussagen diesem widerspricht, besonders der Beruf des Zimmermanns, den sein Vater Joseph ausübte. Alles in allem ist es am wahrscheinlichsten, dass Jesus zu Fuß in die Stadt Jerusalem kam und der Ritt auf dem Esel nur ein Verweis der Evangelisten auf die Prophezeiung Sacharias war.

Unter dem allgemeinen Jubel der Menschen, die in der ganzen Stadt in euphorischer Stimmung waren, ging Jesus zum Tempelbezirk, der aus seiner Sicht links von ihm, hinter einem kleinen See lag. Vor sich sah er die imposante Burg Antonia liegen, in welcher die römische Garnison untergebracht war. Diese Burg Antonia war auch die Richtstätte Jerusalems. Er bog nun nach links ab in Richtung des Tempelplatzes, den er durch das Schaftor betrat. Vor ihm lag das Heiligtum Jerusalems: der Tempel.

Der **Jerusalemer Tempel** wurde im Laufe der Geschichte immer wieder verändert bzw. neu gebaut. Jesus sah den Tempel des Herodes. Er kannte Jerusalem und den Tempel schon aus vorherigen Besuchen, doch muss es für ihn, als Mann vom Dorfe, immer wieder ein imposanter Anblick gewesen sein, diesen gewaltigen Tempelkomplex zu sehen. Der eigentliche Tempelbezirk gliederte sich in verschiedene Bereiche. Da war zunächst der äußere Vorhof. Bis hierhin konnten sich auch Nichtjuden dem Tempel nähern. Ein Säulengang und eine Mauer trennten diesen von dem Bereich ab, der nur Juden zugänglich war. Der Säulengang ist wohl auch der Ort gewesen, an dem Jesus nach Aussagen der Bibel im Tempel lehrte (Lk 19,47). Der Säulengang des Jerusalemer Tempels wurde üblicherweise für diese Tätigkeit genutzt. Im äußeren Vorhof ist auch die Geschichte der Vertreibung der Händler durch Jesus anzusiedeln, die später noch näher analysiert werden soll. In diesem weitläufigen Hof konnten die Pilger bei den Händlern Opfergaben für ihre Brandopfer kaufen.

Jesus war als Jude auch der weitere Zutritt zum Tempel gestattet. Ging er weiter, so gelangte er durch die „schöne Pforte" zum Vorhof der Frauen, wo auch die für die Opferungen benötigten Gegenstände lagerten. Als Mann konnte sich Jesus dem Allerheiligsten noch weiter nähern. Durch das Nikanor-Tor gelangte er zum Vorhof der Männer. Ab dort war auch ihm der Zugang nicht weiter gestattet. Er durfte den eigentlichen Tempel und dessen Vorplatz, der den Priestern vorenthalten war, nicht betreten. Erst im Hof der Priester wurden die Opfergaben der Pilger verbrannt. Hier stand auch das eigentliche Tempelgebäude. Betrat man es, so kam man zunächst zum „Heiligsten". Dahinter befand sich dann das Wichtigste: das „Allerheiligste".

Als Jesus zum Tempel kam, betrachtete er zunächst das Geschehen vom äußeren großen Vorhof aus. Später ging er mit seinen Anhängern nach Bethanien, ein Dorf, welches knapp drei Kilometer östlich von Jerusalem lag und nach biblischen Aussagen die Heimat der Geschwister Lazarus, Maria (nicht die Mutter Jesu) und Martha war. In diesem Haus übernachtete Jesus vermutlich während der Zeit seines Aufenthaltes in der Heiligen Stadt.

Als Jesus am nächsten Tag nach Jerusalem zurückkam, ging

er wieder zum Tempel, diesmal jedoch nicht wie am Vortag, um sich das Geschehen anzuschauen, sondern er legte sich, so die Bibel, mit den **Händlern** an, die im äußeren Tempelhof Rinder, Schafe und Tauben verkauften oder Geld wechselten. Dieses waren durchaus ehrenvolle und nützliche Aufgaben, da die Verkäufer Opfertiere anboten, welche die Besucher Gott als Gabe darbringen konnten. Es ist daher unwahrscheinlich, dass Jesus sich mit ihnen wirklich in der Form anlegte, wie es die Bibel beschreibt (Mk 11, 15-16). Im Bereich des Tempels war nicht die römische Garnison für die Sicherheit und Ordnung verantwortlich, sondern die jüdische Tempelpolizei. Weil diese ebenfalls Aufstände fürchtete, wäre Jesus mit Sicherheit sofort verhaftet worden, wenn er die Verkäufer und Geldwechsler am Tempel angegriffen hätte. Daran, dass Jesus bei dieser Handlung, die ja doch sehr dramatisch auf die Umherstehenden hätte wirken müssen, nicht verhaftet wurde, kann man erkennen, dass er zumindest nicht körperlich gegen die Händler vorging. Es handelt sich bei dieser Erzählung wohl eher um eine so genannte prophetische Zwischenhandlung. Eine verbale Auseinandersetzung, in welcher Jesu die Verkäufer über seine negativen Ansichten dieser „Tempelbeschmutzung" informierte, ist möglich. Es war jedem Bürger ohne eine besondere Lizenz möglich, Opfergaben am Tempel zu verkaufen oder Geld zu wechseln. Dadurch kam es vor, dass sich auch einige Betrüger unter die Verkäufer mischten. Vielleicht hatte Jesus hier einmal negative Erfahrungen gemacht und ließ seinen Frust nun an den Verkäufern die vor ihm standen aus. Sollte er aus diesem Grund handgreiflich geworden sein, so konnte die Tempelpolizei eigentlich nichts gegen diese harmlose Form der Selbstjustiz einwenden, da die Polizei ein Entgegenwirken gegen Betrügereien ja nur befürworten konnte. Allerdings war die Gefahr eines Aufstandes allgegenwärtig und musste mit aller Macht gering gehalten werden.

Am Abend ging Jesus mit seinen Anhängern wieder nach Bethanien, wo sie vermutlich ihre Bleibe für die Zeit in Jerusalem hatten. Wahrscheinlich haben sie im Haus von Maria, Martha und Lazarus genächtigt. Andere Herbergen waren nur schwer zu bekommen, da sie schnell „ausgebucht" waren. Deshalb übernachtete ein Großteil der Pilger vor den Mauern Jerusalems in Zelten. Die Angabe, dass Jesus und seine Anhänger nach Bethanien gingen, könnte darauf schließen lassen, dass sie in der glücklichen Situation waren, bei den oben genannten Freunden in deren Haus, untergebracht worden zu sein.

Die Geschehnisse von Dienstag bis Donnerstag

Der Dienstag war wahrscheinlich von vielen Reden Jesu geprägt. Auch die Geschichte vom Feigenbaum aus dem Markusevangelium lässt sich hier ansiedeln (Mk 11,13 f.). Jesus ging mit seinen Jüngern an diesem Tag zum östlichen Ölberg, der direkt neben der Stadt lag. Dort teilte er ihnen mit, dass er wohl bald sterben müsse. Diese Voraussage zu treffen war sicher nicht schwer. Durch sein politisch riskantes Predigen und Handeln hatten die Römer immer mehr Angst, dass Jesus einen Aufstand anzetteln könnte. Jesus wusste, dass er, wenn er weiter so provozieren würde, dafür bestraft werden könnte. Von einer harten Strafe musste er dabei ausgehen, denn auf das Provozieren von Aufständen und die damit verbundene Gefährdung der inneren Sicherheit stand die Todesstrafe.

Am Dienstag wird auch der Jünger Judas den Römern zugesagt haben, Jesus zu verraten. Die Römer brauchten einen Helfer aus dem unmittelbaren Umfeld Jesu, da sie keine öffentliche Festnahme, bei der es dann wohlmöglich noch zu einem Massenaufstand zwischen den Jesus-Gegnern und den Jesus-Anhängern gekommen wäre, riskieren wollten. Wie erwähnt war Jerusalem so kurz vor dem wichtigen Fest bereits ein Hexenkessel. Die Römer mussten also versuchen Jesus festzunehmen, wenn er irgendwo außerhalb des Zentrums war. Und dafür brauchten sie einen Informanten. Das tat Judas natürlich nicht, ohne sich auch einen finanziellen Vortcil davon verschaffen zu können. So wurden ihm, nach den Aussagen des Geschichtsschreibers Flavius Josephus 30 Talente für den **Verrat** angeboten. Die Bibel berichtet „nur" von 30 Silberlingen, für den entscheidenden Tipp zur Ergreifung Jesu. Talente besaßen einen weit höheren Wert als Silberlinge. Wenn man die Werte umrechnet, so hatten 30 Silberlinge etwa den Wert eines Esels. Sollte es aber stimmen, was der römische Geschichtsschreiber festhielt, so bekam Judas 30 Talente, was zu der damaligen Zeit dem Wert von 30 typischen Segelschiffen, 150 Sklaven oder aber 4500 Eseln entsprach. Ein Bogenschütze zum Beispiel hätte damals für dieses Geld etwa 360.000 Tage ununterbrochen arbeiten müssen. In der heutigen Zeit wären das grob geschätzt 30 Millionen Euro gewesen. Dies ist ein Betrag, der selbst für die Ergreifung eines Schwerstverbrechers unrealistisch hoch gewesen sein muss. An dieser Stelle ist der sonst so verlässliche Flavius Josephus unglaubwürdig. Rechnet man die Aussage der Bibel um, so hätte Judas nach heutigen Geldwerten zwischen 6000 und 7000 Euro bekommen. Das ist ein enormer Unterschied zu den Aussagen des Flavius Josephus. Es ist also anzunehmen, dass hier die Bibel einen höheren Wahrheitsgehalt besitzt, als die Aussage des Geschichtsschreibers. Judas hat somit, und das ist historisch wahrhaftig denkbar, 30 Silberlinge für seinen Verrat bekommen. Für eine einfache Information sind 30 Silberlinge realistisch, um den geldhungrigen Judas zu locken.

Die Geschichte vom Verrat Jesu durch Judas mittels Bestechung durch ein Geldgeschenk ist historisch wahrscheinlich.

Der Mittwoch verlief für Jesus relativ ruhig. Bezüglich dieses Tages gibt uns die Bibel keine näheren Angaben, woraus sich schließen lässt, dass keine besonderen Ereignisse stattfanden. Nur Judas wartete vermutlich ungeduldig auf eine Gelegenheit, dass er Jesus abseits des Rummels an die Römer ausliefern konnte. Eine möglichst schnelle Gefangennahme war deshalb wichtig, weil am Tag des Paschafestes keine Hinrichtungen durch die Römer stattfinden durften, unter anderem natürlich aufgrund der vielen Juden, die die Stadt zu diesem Fest besuchten (Mk 14,2). Die Hinrichtung musste deshalb schnellstmöglich geschehen und noch am Tag vor dem Fest abgeschlossen sein. Jesus hielt sich aber ausschließlich in der Öffentlichkeit auf, wo eine Gefangennahme, wie bereits erwähnt, problematisch war. So verging der letzte ruhige Tag im Leben Jesu.

Am Donnerstag, also zwei Tage vor dem Paschafest, einen Tag vor seinem Tod, war Jesus zum Essen bei einem Mann eingeladen, den das Lukasevangelium als Pharisäer bezeichnet. Verwunderlich ist hier allerdings, dass diese Erzählung im Lukasevangelium relativ am Anfang steht und keinen Bezug zur Passion bildet, wie bei den anderen Evangelisten. Nach Johannes bezieht sich die **Einladung** auf das Haus des Lazarus, das in den vorherigen Ausführungen bereits als Unterkunft für Jesus und seine Anhänger während ihres Aufenthaltes in der Heiligen Stadt gedient hat. Es war das Haus des Lazarus, den Jesus von den Toten erweckt haben soll. Diese biblische Erzählung lässt sich vielleicht auf einen Koma-Patienten übertragen, den Jesus geheilt hat. Da solche Patienten wie tot wirken, konnte dies zu einer allgemeinen Fehleinschätzung des Gesundheitszustandes und deshalb zu der Behauptung geführt haben, dass Lazarus tot gewesen sei. Außerdem dramatisiert die Behauptung, Lazarus sei bereits tot gewesen, natürlich noch die anschließende Heilung, sodass Jesus einem toten Menschen wieder das Leben schenken konnte. Menschen, die für tot erklärt wurden, obwohl sie noch lebten, waren in der damaligen Zeit keine Seltenheit.

Alle Evangelisten berichten von einer Einladung Jesu zum Essen, was darauf schließen lässt, dass Jesus wirklich einer solchen Einladung nachgegangen sein könnte. Es taucht bei diesem Ereignis auch eine Frau auf, die Jesus die Füße mit Öl salbte (bzw. die Haare Jesu) und diese sogar küsste (Lk. 7,38). Es war Maria, die neben Lazarus und Martha ebenfalls in dem Haus lebte. Nach dem Johannesevangelium handelte es sich bei dieser Frau um keine Geringere, als die mögliche Frau Jesu: Maria Magdalena! Jedoch ist Johannes auch derjenige, der diese Geschichte auf den Sonntag legt, an dem Jesus in Jerusalem eingezogen sein soll. Es ist strittig, ob in dieser Passage wirklich Maria Magdalena gemeint ist, oder ob Johannes hier einem Irrtum unterlag. Es gibt aber auch keine Gegenargumente, die sicher ausschließen können, dass es sich um Maria Magdalena handelte.

Die folgende Erzählung zeigt Jesus wieder beim Essen: das **letzte Abendmahl.** Diese Geschichte ist einer der ältesten Überlieferungen überhaupt, obwohl das bekannte Abendmahl eigentlich nichts Besonderes war. Das Wichtigste war für Jesus die Gemeinschaft. Er traf sich gerne mit Freunden zum Essen. So war es auch diesmal. Jesus wird geahnt haben, was ihm in Kürze bevorstand. Aufgrund seines Verhaltens in den letzten Tagen musste er annehmen, dass die Römer seine Beseitigung planten, um gerade am so brisanten Paschafest, obwohl dort die Sicherheitsvorkehrungen immer enorm hoch waren, einen Aufstand zu vermeiden.

Wegen dieser Vorahnung versammelte Jesus seine Jünger um sich, um mit ihnen zu speisen. Eine solche Zusammenkunft war bei jüdischen Festen ein gängiger Brauch, dem jeder Jude versuchte nachzukommen. So auch Jesus. An diesem Abend herrschte eine besonders angespannte Stimmung, denn es war der letzte Abend im Leben Jesu. Nur noch am folgenden

Freitag hatten die Römer die Gelegenheit Jesus zu fangen und hinzurichten, um nicht mit dem Paschafest in Konflikt zu geraten. Die Zeremonie bei diesen Abendmahlen war immer gleich: Am Anfang teilte der Gastgeber Brot aus und begrüßte damit die Gäste. Danach fand das eigentliche Mahl statt. Erst am Ende des Treffens ging dann der sogenannte Segensbecher herum, aus denen die Gäste abschließend tranken. So wurden die jüdischen Mahlfeiern üblicherweise abgehalten. Man beachte hier die große zeitliche Differenz zwischen dem Brechen des Brotes am Anfang des Mahls und der Reichung des Segensbechers an dessen Ende. Diese zeitliche Differenz wird von der Bibel nicht wiedergegeben. Trotzdem hat sich wohl auch Jesus an diesen Brauch gehalten. Nach Lukas soll es sich bei dem Mal um das eigentliche Paschamahl gehandelt haben, welches am Vorabend des großen jüdischen Festes abgehalten wurde. Aber veranstaltete Jesus dieses Mahl wirklich, im Hinblick auf seinen Tod, bereits einen Tag früher als üblich? Es wird in keinem der Evangelien davon berichtet, dass es ein Paschalamm gab. Auch andere typische Elemente eines Paschamahles fehlen. Jedoch gibt es auch im Bezug auf ein gewöhnliches Abendmahl einige Ungereimtheiten. Man geht zwar mit ziemlicher Sicherheit davon aus, dass Jesus nicht das jüdische Paschafest mit seinen Jüngern feierte, doch gibt es zwei Details, die hier mysteriös sind: Jesus feierte das Mahl in der Nacht und er feierte es direkt in Jerusalem. Dieses wäre ziemlich typisch für das eigentliche Paschamahl, welches immer nachts in Jerusalem, also innerhalb der Stadtmauern durchzuführen war! Jesus wohnte eigentlich während dieser Zeit außerhalb Jerusalems in Bethanien. Warum feiert er also dieses Mal in Jerusalem? Jesus wollte wohl das eigentliche Paschamahl nicht vorziehen, um nicht mit der Tradition zu brechen und veranstaltete sein letztes Abendmahl als eine „Lightversion" des traditionellen Paschamahls. Er ließ augenscheinlich einige markante Punkte weg, um dem eigentlichen Fest nicht vorzugreifen. Aber trotzdem nahm er den vorletzten Tag vor dem Paschafest zum Anlass, ein ähnliches Mahl abzuhalten, bei welchem er den Jüngern seinen bevorstehenden Tod verkünden konnte. Dieses feierte er, in Anlehnung an das religiöse Festmahl des nächsten Tages, innerhalb der Stadtmauern und bei Dunkelheit. Er behielt also einige Sitten des Paschafestes bei und veranstaltete dieses mit seinen Jüngern in abgewandelter Form einen Tag früher. Und wenn wir genau hinsehen, finden wir im theologischen Sinn sogar ein Paschalamm: Jesus selbst, der sich damit symbolisch für die Menschen hingab - ein Verweis auf seinen Tod am Kreuz. Ob Jesus aber soweit dachte ist ungewiss. Aber es wäre eine passende Erklärung für das vorgezogene Paschamahl. Jesus zog das Mahl situationsbedingt vor und verwies aufgrund des fehlenden Lammes auf sich selber als das Paschalamm.

Wir wollen uns wieder den historischen Ereignissen widmen. Dass Jesus das abgewandelte Paschamahl bereits einen Tag früher vollzog als üblich, bedeutet, dass er stark mit einem schnellen Tod rechnete. Denn sowohl ihm, als auch den Jüngern musste klar sein, dass der aufständische Jesus gefangen genommen und getötet werden würde. Bis zum Paschafest war es nur noch ein Tag. Wenn die Römer also zuschlagen wollten, mussten sie dies innerhalb der nächsten Stunden tun.

Nach dem Mahl mit seinen Jüngern, welches im Südwesten der Stadt Jerusalem stattfand, ging Jesus mit seinen Begleitern in Richtung Nordosten zum anderen Ende der Stadt, welche sie alsdann verließen und in Richtung des Ölberges gingen, genauer gesagt zu einem Grundstück, welches dem Ölberg vorgelagert war und **Gethsemani** hieß. Dieses muss mitten in der Nacht gewesen sein, weil die Bibelstellen vom späten Donnerstagabend bzw. vom frühen Freitagmorgen sprechen. Hier könnte Jesus, wie es in der Bibel überliefert ist, zu Gott gebetet haben. Es ist durchaus realistisch, dass Jesus seinen „Vater" ängstlich gegenübertrat. Er ahnte, was ihm bevorstand und seine Angst überflügelt in dieser Szene den Mut, den er sonst zu haben schien. Er war so verzweifelt, dass er sogar darum bat, Gott solle das Schicksal, an ihn vorübergehen lassen (Mk 14,36). Wie menschlich Jesus plötzlich wirkt! Er wendete keine außergewöhnlichen Kräfte an, um sich der Gefangennahme zu entziehen, denn er besaß sie historisch nicht! Jesus war ein ganz normaler Mensch, der an Gott glaubte und ihm vollends vertraute. Deshalb wendete sich Jesus auch hilfesuchend an ihn, setzt aber seinem Gebet kleinlaut hinzu: „Aber nicht was ich will, sondern was du willst (soll geschehen)". Er wollte zwar nicht leiden, vertraute aber auf den Sinn seines, von Gott bestimmten Schicksals. Diese Einstellung Jesu kann durchaus als historisch gewertet werden.

Die Anstrengungen der letzten Tage waren zu viel für die Jünger, die in der Zeit, als sich Jesus einige Meter entfernte, einschliefen. Judas war jetzt natürlich froh, dass sich Jesus zu so später Stunde abseits der Stadt befand. Er konnte den Römern Bescheid geben, dass sie Jesus nun endlich festnehmen konnten. Der **Judaskuss** bildete dabei eine Absicherung für die Römer, dass sie den richtigen Mann festnahmen. Der Kuss symbolisiert in der Bibel den eigentlichen Verrat am Sohn Gottes durch einen der Jünger Jesu. Es kann aber auch der schon erwähnte heilige Kuss gewesen sein, von dem das Neue Testament sagt: „Grüßt einander mit dem heiligen Kuss" (1 Kor 16,20). Dass es nach Aussage der Bibel bei der Verhaftung zu einer Gewalttat des Petrus kam, der einem Soldaten ein Ohr mit einem Schwert abschlug, ist einer Manipulation in den Evangelien zu verdanken. In den ältesten biblischen Überlieferungen wird dieses Ereignis anders geschildert, nämlich, dass ein römischer Soldat auf Jesus einen Angriff verüben wollte und aus Versehen einen seiner eigenen Leute traf. Dadurch wird diese Gewaltszene in ein ganz anderes Licht gerückt. Petrus trifft demnach keine Schuld an der Verwundung des römischen Soldaten. Gerade solche überlieferten Details, in diesem Fall die Verletzung eines Soldaten, können durchaus wahre Begebenheiten widerspiegeln.

Jesus war nun also festgenommen, wodurch sein Schicksal besiegelt wurde. Er hätte durchaus noch vor seiner **Verhaftung** fliehen, oder zumindest in Jerusalem verweilen können, wo ihn die Römer nur unter Vorsicht und ohne Aufsehen zu erregen festnehmen konnten. Aber Jesus entzog sich nicht der Strafe, die die Römer für sein Verhalten vorsahen. Er muss wirklich ein großes Vertrauen in Gott und den Sinn seines Schicksals gehabt haben.

Jesus wurde wieder in die Gegend der Stadt geführt, wo er am Abend zuvor mit seinen Jüngern zu Abend gegessen hatte. Aus Angst selbst bestraft zu werden, flohen die Jünger bei der Festnahme Jesu. In Jerusalem fand sich der Hohe Rat im Haus des Hohenpriesters Kajaphas zusammen, um über die Strafe Jesu zu verhandeln, wobei es wohl weniger eine richtige Verhandlung gab, sondern eher ein **Verhör** Jesu. Hier treffen wir auch Petrus wieder, der nun sehen wollte, was mit Jesus passierte. Auch wenn er sich alle Mühe gab, nicht erkannt zu werden, wird er darauf angesprochen, ob er nicht einer der Jünger Jesu sei. Er aber verneint dieses (Mk 14,66 ff.). Es ist historisch realistisch, dass bei der Festnahme des Anführers eines Aufstandes, wie es Jesus aus Sicht der römischen Besatzungsmacht war, auch nach den Mitstreitern gesucht wurde, um auch die von ihnen ausgehende Gefahr abzuwenden. Die Römer konnten Jesus bei dem Verhör vor den Einwohnern Jerusalems und den Pilgern, die auf die Verhaftung Jesu aufmerksam wurden, durch falsche Beschuldigungen durchaus so schlecht gemacht haben, dass diese sich gegen Jesus wendeten und somit auch abweisend und anklagend auf die Anhänger Jesu reagierten, wenn sie einen von ihnen sahen.

Da Aufständische in der Regel gekreuzigt wurden, musste das Urteil gegen Jesus schon automatisch festgestanden haben. Die Römer wollten durch diese Abschreckung auch jegliche weiteren Versuche eines Aufstandes unterbinden. Jesus war eine massive Gefahr bei einem so großen Fest wie dem Paschafest. Er predigte im Tempel, dem Heiligtum Jerusalems, was eine starke Provokation darstellte und auch als Gotteslästerung gesehen werden konnte. Letzteres, also der Aspekt der Gotteslästerung, war aber wohl nicht der Grund für die Verurteilung, da diese eine innerjüdische Angelegenheit darstellte, die den Römern relativ egal gewesen sein konnte. Ihnen ging es darum, einen Aufstand zu unterbinden und den gefürchteten Wanderprediger aus Galiläa außer Gefecht zu setzen. Darum musste er getötet werden. Da hatten die Personen, die versuchten, Jesus zu verteidigen, natürlich schlechte Karten. Hinzu kam, dass nach dem Markusevangelium auch einige Personen falsche Aussagen gegen Jesus machten. Vielleicht aus reiner Gier nach einer spektakulären Hinrichtung, die damals als Element der Massenvergnügung eine gern gesehene Strafe war. Oder sie wurden von den Römern dafür bezahlt, dass sie erlogene Aussagen gegen Jesus machten. Für die Schriftgelehrten musste der Fall klar sein. Für sie war Jesus ein Verbrecher, der die Gefahrenquelle eines Massenaufstandes bildete, sich als Sohn Gottes bezeichnete und somit Gotteslästerung begann.

Aber wurde Jesus überhaupt dem Hohen Rat ausgeliefert? Es gab nämlich keinen wirklichen Anklagepunkt gegen ihn. Denn entgegen der Meinung der Ankläger bezeichnete sich Jesus ja nie als Gott, sondern höchstens als Gottessohn oder Messias. Und auch die Frage „Bist du der Sohn Gottes?" wurde so wörtlich mit Sicherheit nicht gestellt, da der Begriff „Gott" aus Ehrfurcht stets umschrieben wurde. Außerdem muss bezüglich des Begriffs „Messias" an dieser Stelle erläutert werden, dass dieser nicht allein Jesus vorbehalten war. Messias war ein gebräuchlicher Begriff, um einen politischen Erlöser zu bezeichnen. Auch andere Personen, die Versuche unternommen hatten, sich gegen die römischen Besatzer zu stellen, bekamen teilweise diesen Titel zugesprochen. Dieser steht also eigentlich für das Aufständische in Jesus und weniger für sein besonderes

Gottesverhältnis. Jesus konnte sich also selbst als Messias bezeichnen, ohne damit Gotteslästerung zu begehen. Wir wissen ja bereits, dass Jesus als Aufständischer eine Gefahr für die römische Besatzermacht gewesen sein muss und mit ziemlicher Sicherheit aus genau diesem Grund verurteilt werden sollte. Dass Jesus für die selbst zugesprochene Gottessohnschaft als Gotteslästerer oder Ähnliches belangt wurde, ist unwahrscheinlich. Die Bibel ist an dieser Stelle sehr ungenau, was auf eine redaktionelle Bearbeitung dieser Verhörszene schließen lässt. Neben den unmöglichen Anklagepunkten ist auch der Zeitpunkt äußerst mysteriös. Zwar setzt Lukas das Verhör am Freitagmorgen an, die anderen Evangelisten verknüpfen dieses allerdings unmittelbar mit der abendlichen Festnahme im Garten Gethsemani. Das würde bedeuten, dass das Verhör vor dem Hohen Rat zwischen der Festnahme und der Verhandlung am kommenden Morgen, also in der Nacht stattgefunden haben muss. Das ist jedoch relativ unwahrscheinlich, da dieses gegen die Gesetze war, ebenso wie der Ort (das Verhör soll ein einem Haus und nicht wie üblich im Tempel, der zu dieser Zeit natürlich verschlossen war, stattgefunden haben). Normalerweise wurden nur Schwerverbrecher zuerst vor das Synedrium, also den Hohen Rat, und dann vor den Statthalter gestellt. Die Anklagepunkte gegen Jesu waren jedoch nicht die eines Schwerverbrechers und auch bei Historikern findet man diese Gerichtsform, wie sie gegenüber Jesus durchgeführt wurde für Aufständische nicht. Zudem war es den Juden nicht gestattet, Jesus zu verurteilen oder gar ein Todesurteil über ihn zu vollstrecken, wie es Johannes im Evangelium erwähnt (Joh 18,31), denn das Sagen hatten in der Stadt die römischen Besatzer, also insbesondere der römische Statthalter Jerusalems Pontius Pilatus. Diesem musste Jesus in jedem Fall vorgeführt werden.

Das Verhör vor dem Hohen Rat hat entweder gar nicht, oder zumindest nicht so stattgefunden, wie es die Bibel beschreibt. Es ist denkbar, dass man Jesus nach seiner Festnahme in einem Haus nur kurz „zwischenlagerte" und ihn dabei ausfragte, um ihn am Morgen zu Pilatus bringen zu können. Wenn es aber doch ein solches Verhör gegeben hat, in welcher Art auch immer, dann wohl allenfalls in den frühen Morgenstunden des letzten Tages im Leben Jesu – am Freitag.

Der Todes-Freitag

Jesus wurde am Freitag, den 7. April des Jahres 30 n. Chr. hingerichtet. Dieser Termin ist historisch sehr wahrscheinlich, da der römische und der jüdische Kalender bezüglich dieses Datums übereinstimmen. Weiterhin liegen die in dem Kapitel „Die genaue Datierung der letzten Tage" erwähnten Berechnungen der Datierung auf den 07. April 30 zugrunde.

Jesus wurde also an diesem Freitag nach der ungewissen Befragung durch den Hohen Rat dem römischen Statthalter **Pontius Pilatus** vorgeführt.

Die Juden werden in dieser Szene, wie wir sie aus der Heiligen Schrift kennen, als die Schuldigen in dem Prozess gegen Jesus dargestellt. Es ist wahrscheinlich, dass diese judenfeindliche Darstellung absichtlich hinzugefügt wurde, um jene für den Tod Jesu verantwortlich machen zu können und den Römern diese Schuld zu nehmen. Auch ist die ursprüngliche Beschreibung des Verhörs in dem hebräischen Original-Bibeltext sprachlich uneben, was ebenfalls dafür spricht, dass zumindest Teile dieser Szene Erfindungen sind, die später von dem Evangelisten oder durch redaktionelle Bearbeitungen, also von späteren Übersetzern hinzugefügt wurden.

Pilatus verwies darauf, dass ein Urteilsspruch über Jesus in den Zuständigkeitsbereich des Herodes Antipas falle, der für das Gebiet Galiläa, aus welchem Jesus kam, verantwortlich war. Es passte sich gut, dass Herodes zu dieser Zeit gerade in Jerusalem verweilte, um am Paschafest teilnehmen zu können. Pilatus wollte somit auch die Entscheidung und die Verantwortung über das Leben Jesu auf Herodes abwälzen, um sich nicht selber die Hände schmutzig machen zu müssen. Jesus wurde also zum Haus des **Herodes** gebracht, der seinen Palast in der Jerusalemer Oberstadt hatte. Jesus sollte ihm ein Zeichen geben, dass er wirklich ein besonderer Mensch mit göttlichen Gaben sei. Aber Jesus lehnte ab, worauf sich Herodes und die Schriftgelehrten gemäß der Bibel über ihn lustig machten. Für sie war klar, dass Jesus ein Lügner und Hochstapler sein musste (oder wie es wahrscheinlicher ist, als Aufständischer gesehen wurde) und so brachte man ihn wieder zur abschließenden Urteilsverkündigung zu Pilatus, der seinen Sitz etwa einen Kilometer von Herodes entfernt hatte.

Ob diese Zwischenerzählung über Jesus vor Herodes

überhaupt stattfand, ist nicht klar. Einerseits wäre es natürlich für Pilatus denkbar einfach gewesen, seinen Entscheid mit Herodes zu teilen oder ihm diesen gar ganz zu überlassen. Jedoch findet man diese Erzählung andererseits nur im Lukasevangelium. Sie entstammt also mit großer Wahrscheinlichkeit dem Sondergut des Lukas, also den Quellen, die nur ihm, nicht aber den anderen Evangelisten vorlagen. Außerdem muss die Frage gestellt werden, ob Pilatus sich nicht selbst als die herrschende Macht in Jerusalem sah. Er war schließlich der Präfekt des römischen Kaisers Tiberius und für die Provinz Judäa zuständig. Ein Präfekt oder auch Statthalter war dem Kaiser unterstellt und verantwortlich für ein Teilgebiet des Imperium Romanum (des Römischen Reiches), also nach dem Kaiser einer der mächtigsten Männer des riesigen Reiches. Warum sollte Pilatus dann noch Herodes für sein Urteil zurate ziehen? Das Lukasevangelium begründet dieses damit, dass Jesus als Galiläer in die Gerichtsbarkeit des Herodes fiel, der dieses Gebiet regierte. Herodes war aber allein schon aufgrund des geografischen Herrschaftsbereichs einem Statthalter unterstellt, der zu dieser Zeit Pontius Pilatus hieß. Pilatus war für ganz Judäa verantwortlich, der Tetrarch Herodes Antipas, Sohn des ebenfalls biblisch erwähnten Herodes des Großen, aber nur für einen Teil, nämlich für das Gebiet Galiläa. Bei der Tetrarchie wird ein Herrschaftsbereich, wie der des Pontius Pilatus in vier weitere Bereiche unterteilt. Die hier erwähnte Herodianische Tetrarchie entstand nach dem Tod Herodes des Großen, der noch für das gesamte Gebiet zuständig war. Bei der Aufteilung des Reiches unter seinen Söhnen wurden Herodes Antipas (er wurde erst später so genannt, um ihn von seinem Vater unterscheiden zu können) die Gebiete Galiläa und Peräa zugeteilt.

Es ist alles in allem zweifelhaft, ob Herodes wirklich seine Finger bei der Verurteilung Jesu im Spiel hatte. Hier ist der Verfasser des Lukasevangeliums eventuell einer falschen Sonderquelle zum Opfer gefallen, oder er hat diese Geschichte möglicherweise sogar selbst erfunden. Im Lukasevangelium ist an dieser Stelle auch eine mysteriöse Wendung im Gemütszustand des Herodes zu erkennen. Freut er sich anfangs noch Jesus zu sehen (Lk 23,8), so treibt er schon kurz darauf seinen Spott mit ihm (Lk 23,11). Etwa weil ihm Jesus nicht antwortete und die Soldaten des Herodes schwere Anschuldigungen gegen Jesus erhoben? Ließ er sich so schnell umstimmen? Das ist sehr unwahrscheinlich. Genau wie auch die plötzliche Versöhnung der sonst befeindeten Herrscher Pilatus und Herodes. Diese Brüche in den Erzählungen zeugen davon, dass der Inhalt der ursprünglich erzählten Geschichte in irgendeiner Form abgeändert wurde. Warum dies geschah und wo bzw. wann genau diese Abänderung stattfand ist unklar. Es gibt leider keine wirklichen Gegenbeweise, dass die biblische Erzählung so stattfand, wie es das Evangelium des Lukas berichtet, jedoch spricht einiges gegen das Einmischen des Herodes Antipas.

Jedenfalls fand die eigentliche **Verhandlung** im Fall Jesu vor Pilatus statt. Die Evangelien stellen Pilatus so dar, als wollte er Jesus nicht verurteilen, weil er keine wirkliche Schuld in seinem Handeln erkennen konnte. Sowohl bei Johannes, als auch bei den Synoptikern Matthäus und Markus stoßen wir an dieser Stelle auf die **Barabbas-Erzählung**: „Jeweils zum Fest ließ Pilatus einen Gefangenen frei, den sie sich ausbitten durften. Damals saß gerade ein Mann namens Barabbas im Gefängnis, zusammen mit anderen Aufrührern, die bei einem Aufstand einen Mord begangen hatten. Die Volksmenge zog (zu Pilatus) hinauf und bat, ihnen die gleiche Gunst zu gewähren wie sonst. Pilatus fragte sie: Wollt ihr, dass ich den König der Juden freilasse? Er merkte nämlich, dass die Hohenpriester nur aus Neid Jesus an ihn ausgeliefert hatten. Die Hohenpriester aber wiegelten die Menge auf, lieber die Freilassung des Barabbas zu fordern. Pilatus wandte sich von Neuem an sie und fragte: Was soll ich dann mit dem tun, den ihr den König der Juden nennt? Da schrien sie: Kreuzige ihn! Pilatus entgegnete: Was hat er denn für ein Verbrechen begangen? Sie schrien noch lauter: Kreuzige ihn! Darauf ließ Pilatus, um die Menge zufrieden zu stellen, Barabbas frei und gab den Befehl, Jesus zu geißeln und zu kreuzigen" (Mk 15,6-15).

Nach dem heutigen Stand der Wissenschaft ist diese Geschichte, die auch in der Apostelgeschichte angedeutet wird (Apg 3,13), eine Erfindung. Es war nicht üblich, dass zwei Gefangene in einem Prozess zusammengeführt wurden, auch nicht aus dem in der Bibel angedeuteten Grund. Generell wird von Wissenschaftlern die Frage, ob es das sogenannte „privilegium paschale", also die Freilassung eines Gefangenen zum Paschafest überhaupt gab, verneint. Somit ist auch dies wieder eine Hinzudichtung und Verbiegung der wahren Geschichte durch die Evangelisten bzw. den ihnen vorliegenden Quellen.

Es kann in dieser Szene aber eine versteckte Botschaft gesehen werden, die genau genommen im Namen dieses angeblichen Verbrechers liegt. Wie folgend aufgeführt sieht es auch beispielsweise H. Z. Maccoby: Teilt man das Wort Barabbas, so stößt man auf „Bar", was soviel heißt wie Sohn, und „Abba", was der Kosename für Vater ist, ähnlich unserem „Papa", oder auch als Anrede Gottes verwendet wurde. Der Name Barabbas bedeutet übersetzt also nichts anderes als „Sohn des Vaters" bzw. „Sohn Gottes". Möglicherweise ein Verweis auf Jesus! So gesehen forderten die Juden also in Wahrheit die Freilassung Jesu, was auch ihre Unschuld und dafür die Schuld des Pilatus am Tod Jesu beweisen würde. Nur, warum sollte die Bibel mit einer so drastischen Verfälschung der wahren Geschehnisse arbeiten? Dafür gibt es zwei mögliche Gründe, die eng miteinander verbunden werden können: Zum einen wollte man Pilatus nicht als den unbeliebten Verkünder von Todesurteilen darstellen, obwohl er dies geschichtlich eindeutig war. Die Kraft des entstehenden Christentums sollte sich nicht gegen einen römischen Präfekten und somit gegen das Römische Reich und seinen Kaiser richten. Rom wollte nicht die Schuld am Tod Jesu übernehmen, um einem Krieg zwischen den Juden und den Römern zu vermeiden. Zweitens wurden die Juden schon immer für negative Dinge verantwortlich gemacht. Man konnte ihnen also auch problemlos noch die Schuld am Tod Jesu in die Schuhe schieben. Dieses Vorgehen resultiert wohl besonders aus der zunehmenden Feindschaft zwischen Judentum und Christentum im Laufe der Jahrzehnte und Jahrhunderte. Die Abänderungen wurden von den Christen in diesem Zusammenhang als psychologische Waffe gegen die Juden verwendet und somit noch tieferer Hass geschürt. Welche Macht die Bibel doch besaß und noch bis heute besitzt! Eine kleine geschichtliche

Verdrehung in einem Buch hatte so enorme Auswirkungen auf den weiteren geschichtlichen Verlauf, der bis in die Zeit des Zweiten Weltkriegs hinein seine Spuren hinterließ. Selbst hier wurde den Juden noch der Tod Jesu angehängt, um die von den Nazis angestrebte Vernichtung der Juden weiter legitimieren zu können. Eventuell sollte dies dadurch verhindert werden, dass die Erfindung der Barabbas-Geschichte zwar den Juden die Schuld zusprach, aber die benannte versteckte Botschaft dazu führen sollte, dass im Laufe der Geschichte der wahre Gehalt der Erzählung erkannt und die Unschuld der Juden somit bewiesen werden konnte. Doch realisierten sich diese Erkenntnisse erst recht spät in unserer Zeit. Jetzt würde man die Manipulation als Intrige oder Verschwörung bezeichnen. Denn gerade der so unschuldig wirkende Pilatus hatte doch wohl die meisten Gründe, Jesus töten zu lassen. Denn jener war für ihn ein Dorn im Auge, da er ein potenzielles Risiko für einen jüdischen Aufstand gegenüber der römischen Besatzermacht darstellte. Das war, wie schon erwähnt, eine grauenhafte Vorstellung. Dass Pilatus die Juden bei seiner Urteilsverkündigung, so wie in den Evangelien beschreiben, geradezu um Hilfe gebeten hat, sieht dem historischen Statthalter gar nicht ähnlich. Aus vielerlei Quellen weiß man, dass Pilatus ein grausamer, tyrannischer und auf seine Funktion eingebildeter Herrscher war, der sich auch nicht in seine Entscheidungen reden ließ. Er war auch keineswegs zögerlich in Urteilsverkündigungen und hielt nicht viel von analytischen Prozessen. Auch Jesus wurde schnell und ohne einen größeren, fairen Prozess verurteilt. Das passt alles sehr gut in den geschichtlichen Kontext und ist daher ein Grund mehr, warum wir gerade Pilatus als Hauptverdächtigen im Mordfall Jesu sehen sollten. Wir werden auch noch später auf weitere Hinweise stoßen, die zeigen, dass die Juden mit ziemlicher Sicherheit nicht für den Tod Jesu verantwortlich gemacht werden können. In den Evangelien jedoch rasteten die jüdischen Ankläger völlig aus und forderten die Hinrichtung Jesu. Um sich keine Feinde zu machen, hat Pilatus biblisch dann dem Antrag stattgegeben, um gerade an diesem Tag keinen Aufstand zu riskieren.

Pilatus verurteilte Jesus letztendlich zum Tode nach römischem Recht. Oder doch nicht? Der Evangelist Lukas erwähnt überhaupt keine **Urteilsverkündung**. Hat der Verfasser des Markusevangeliums, der frühste der drei Synoptiker, dieses Urteil nur erfunden, und Matthäus es gutgläubig übernommen? Nach den heutigen wissenschaftlichen Erkenntnissen hat ein Urteil stattgefunden. Warum sollte es sich auch um eine eigenmächtige Handlung des Statthalters ohne Urteil handeln? Das würde auf das Bild der Römer wieder einen negativen Schatten werfen und die uns aufgedrängte Vermutung, dass Pilatus die führende Person war, die Jesus beseitigen wollte, durcheinander bringen. Wir erinnern uns daran: Pilatus war grausam und er hatte eine Vorliebe für Todesstrafen. Und so gehen wir weiterhin davon aus, dass ein rechtmäßiges Urteil gesprochen wurde und sehen dessen Auslassung entweder als eine unlogische Verfälschung der wahren Ereignisse an oder als eine Selbstverständlichkeit, die vom Evangelisten Lukas vorausgesetzt wurde und somit keiner gesonderten Erwähnung bedurfte.

Die Römer verspotteten Jesus, bevor dieser seinen letzten Weg antrat, den Weg zu dem Ort, an dem er hingerichtet werden sollte: den **Kreuzweg**. Da man nicht wirklich weiß, an welcher Stelle das Prätorium lag, also der Ort, an dem Pilatus das Urteil über Jesus fällte, ist es schwer zu rekonstruieren, welchen Weg Jesus wirklich durch die Stadt ging, bevor er gekreuzigt wurde. Der „schmerzhafte Weg", die „Via Dolorosa", die den Leidensweg Jesu in Jerusalem darstellen soll, beginnt an der Burg Antonia und wäre demnach der Ort gewesen, an dem Pilatus seinen Sitz hatte und Jesus verurteilte. Es ist historisch erwiesen, dass hier Gerichtsurteile gefällt wurden. Stimmt also diese Vermutung, so wurde Jesus durch das Geschäftsviertel der Stadt hinausgeführt, immer in westliche Richtung bis zur sogenannten Schädelhöhe, einer kleine Erhebung im Nordwesten von Jerusalem. Manche Wissenschaftler lokalisieren, aufgrund von neueren Ausgrabungen eines prunkvollen Palastes, die Residenz des Statthalters westlich vom Tempelbezirk und von der Burg Antonia, in der Oberstadt des damaligen Jerusalems. Von hier aus wäre es ohne Umwege eine kürzere Strecke nach Golgatha gewesen. Jesus wäre dann auch nicht die heutige „Via Dolorosa" entlang gegangen. Es ist heute noch nicht geklärt, welchen Weg Jesus damals wirklich ging, um zu seiner Hinrichtungsstätte zu gelangen. Zudem liegt das Jerusalem der Zeit Jesu unter der heutigen Stadt und ganze Straßenzüge sind nicht mehr dort zu lokalisieren, wo sie einst, zur Zeit Jesu standen.

Es ist aber sehr wohl bekannt, dass Jesus nicht, wie auf christlichen Bildern häufig dargestellt, das ganze Kreuz zur

Hinrichtungsstätte tragen musste. Der vertikale Balken befand sich nämlich bereits am Hinrichtungsort, wie es Brauch war. Jesus musste lediglich das Querholz durch die Stadt tragen, welches dann später mit dem bereits vorhandenen Teil des Kreuzes verbunden wurde. Trotzdem war es eine enorme Last, dieses Stück aus massivem Holz zu tragen. Die Bibel erwähnt deshalb eine Person namens Simon, die Jesus half, das schwere Kreuz zu tragen. Dieser Simon war möglicherweise ein Pilger, der zum Paschafest gekommen war. Als Heimatort wird Zyrene oder auch Kyrene angegeben, das im Norden Afrikas liegt. Ohne besonderen Grund wurde Simon ausgewählt, Jesus zu helfen. Die Römer schreckten nicht davor zurück, Fremden Zwangsarbeit aufzuerlegen. Aus einem gaffenden Simon wird also ein Helfer Jesu, der allerdings in der weiteren und auch vorherigen Geschichte nicht weiter von Bedeutung ist. Er ist als historisches Faktum anzusehen.

Jesus kam nun nach Golgatha, was übersetzt soviel wie „Ort des Schädels" heißt, wo er gekreuzigt werden sollte. Wie bei einer **Kreuzigung** üblich, bot man ihm einen Trank an, welcher ihn betäuben sollte (Mk 15,23). Dieses wurde gemacht, um die entsetzlichen Schmerzen der Kreuzigung ein wenig zu lindern. Jesus lehnte jedoch ab. Er wollte nicht unter dem Einfluss von „Drogen" sterben, sondern seinem Ende klar entgegensehen. Dann wurde Jesus, nachdem man ihm die Kleider ausgezogen hatte, am Kreuz befestigt. Dieses geschah etwa gegen 9 Uhr am Morgen. Bei einer Kreuzigung war es üblich, die Hände der Person am Handgelenk mit einem Nagel an das Kreuz zu schlagen. Der Nagel wurde hier zwischen Elle und Speiche getrieben, um einen möglichst geringen Blutverlust zu erzeugen. Dieses muss unbetäubt entsetzliche Schmerzen verursacht haben. Zudem saß der Gekreuzigte auf einem Sitzpflock, damit sein Gewicht nicht lediglich an den beiden Armnägeln hing. Die Befestigung der Beine geschah unterschiedlich. Es konnten dafür sowohl Nägel als auch Seile genommen werden. Hang der Verurteilte am Kreuz, so konnte es Tage dauern, bis er etwa an Wundbrand und schließlich an Herzversagen verstarb. Dazu wurde ihm gelegentlich etwas zu Trinken gegeben, wie es auch in den Evangelien erwähnt wird (Mk 15,36). Das Getränk bestand zum größten Teil aus Wasser und wurde teilweise mit etwas Essig angereichert, um den Durst besser stillen zu können.

Matthäus erwähnt am Rande seiner Kreuzigungsgeschichte, dass auch Frauen anwesend waren. Dieses klingt nicht weiter verwunderlich. Wenn es aber stimmt, dass es die genannten Frauen waren, so finden wir hier wieder jenen Namen, der oft mit Jesus in Verbindung gebracht wird, wenn es um die Frage geht, ob Jesus eine Frau oder eine Freundin hatte: Maria Magdalena! Auch sie musste mit ansehen, wie Jesus gekreuzigt wurde. Dass gerade Frauen bei der Kreuzigung anwesend waren, hat auch noch einen anderen Grund: Bei den Kreuzigungen durften keine Männer anwesend sein. Man wollte somit Aufstände von Männern vermeiden, die aus irgendeinem Grund gegen die Kreuzigung waren. Frauen waren dabei keine so große Gefahr für die bewaffneten römischen Soldaten.

Nun war es so, dass am Kreuz der Name des Verurteilten, sowie seine Verbrechen notiert wurden, damit alle Leute wussten, warum die Person bestraft worden war. Diese

Inschrift wurde in drei Sprachen in eine **Holztafel** geritzt. Die Sprachen waren Hebräisch, Latein und Griechisch. Somit konnten auch die Gäste, speziell die im Zusammenhang mit dem Paschafest in Jerusalem anwesenden Leute, diese Inschrift lesen. Jesus wurde auf seiner Kreuzigungsprozession wahrscheinlich ein solches Schild vorangetragen, das dann später am Kreuz platziert wurde. Es stellte für jedermann gut sichtbar dar, mit was sich Jesus schuldig gemacht hatte und besaß nach biblischen Quellen vermutlich folgenden Wortlaut: „ דין־ה־־ַדֵ־רָֽ֭א ישׁוּע נצריא מלכא " (aramäisch), „Ihsous o Nazaraios o Basileus twn Ioudaiwn" (griechisch), „Iesvs Nazarenvs Rex Ivdaeorvm" (lateinisch, Abkürzung: INRI), was soviel heißt wie „Jesus von Nazareth – der König der Juden". Nach dem Evangelisten Johannes stand genau dieser Wortlaut in den drei angegebenen Sprachen auf der Tafel. Ob die Tafel aber wirklich direkt als Schuldtafel am Kreuz angebracht war oder zum Spott in der Nähe aufgestellt wurde, ist nicht bekannt. Ein Schild mit einem solchen Inhalt war bei einer Kreuzigung sehr ungewöhnlich, ja beinahe einzigartig, da es aus Sicht der Römer rein Ironie behaftet gewesen sein muss, und nur indirekt die jesuanische Schuld beschrieb. Doch man könnte auch umgekehrt behaupten, dass gerade dieses Unübliche, auf das der Evangelist kaum einfach so gekommen sein dürfte, dafür spricht, dass dieser Titulus Cruxis wahrhaftig auf die Tafel am Kreuz Jesu notiert wurde. In den Evangelien und darüber hinaus finden wir zudem keine Begründung für eine Erfindung des Titels. Markus und Johannes erwähnen nur an dieser einen Stelle die Aufschrift der Tafel und verwenden den Titel auch nur hier. Hätten sie den Wortlaut erfunden, wäre es wahrscheinlich, dass sie diesen noch an anderen Stellen ihrer Evangelien eingebracht hätten. Da dieses nicht der Fall ist, war es wohl keine Erfindung der Evangelisten, sondern des Pilatus, Jesus so zu verspotten.

Es darf allerdings auch nicht vergessen werden, dass Jesus historisch vermutlich nicht als Gotteslästerer, sondern als Aufständischer verurteilt worden war. Trotzdem war es auch möglich Jesus als König der Juden zu bezeichnen, weil er für sie eine Art Anführer im Aufstand gegen die Römer sein wollte.

Jesus hing am Kreuz und schien auf einmal Angst zu bekommen. Er rief in seiner Heimatsprache Aramäisch: „Eloï, Eloï, lema sabachtani ?". Es handelt sich dabei um einen aramäischen Ausspruch, der übersetzt heißt: „Mein Gott, mein Gott, warum hast du mich verlassen ?". Hoffte er noch auf eine Rettung, obwohl er den Sinn seines Todes kannte? Obwohl es so scheint, betete Jesus hier ein Sterbegebet, was nicht das Verlassensein von Gott kritisieren sollte, sondern genau das Gegenteil beinhaltete. Dieses erkennt man aber nur, wenn man einen größeren Abschnitt dieses Sterbegebets betrachtet, welches im Psalm 22 des Alten Testaments aufgeführt ist. Da heißt es: „Mein Gott, mein Gott, warum hast du mich verlassen, bist fern meinem Schreien, den Worten meiner Klage? Mein Gott, ich rufe bei Tag, doch du gibst keine Antwort; ich rufe bei Nacht und finde doch keine Ruhe. Aber du bist heilig, du thronst über dem Lobpreis Israels. Dir haben unsre Väter vertraut, sie haben vertraut und du hast sie gerettet. Zu dir riefen sie und wurden befreit, dir vertrauten sie und wurden nicht zuschanden. Ich aber bin ein Wurm und kein Mensch, der

Leute Spott, vom Volk verachtet. Alle, die mich sehen, verlachen mich, verziehen die Lippen, schütteln den Kopf: ´Er wälze die Last auf den Herrn, der soll ihn befreien! Der reiße ihn heraus, wenn er an ihm Gefallen hat´" (Ps 22,2 ff.). Dieses Gebet ist also weniger von Verzweiflung, als von der Hoffnung auf Rettung durch Gott geprägt. Es ist durchaus möglich, dass Jesus dieses Gebet kannte und am Kreuz betete. Hier finden wir auch eine interessante Parallele zu der Verspottung durch die Leute am Kreuz, die in den Evangelien beschrieben wird: „Die Leute standen dabei und schauten zu; auch die führenden Männer des Volkes verlachten ihn und sagten: Anderen hat er geholfen, nun soll er sich selbst helfen, wenn er der erwählte Messias Gottes ist. Auch die Soldaten verspotteten ihn; sie traten vor ihn hin, reichten ihm Essig und sagten: Wenn du der König der Juden bist, dann hilf dir selbst!" (Lk 23,35-37).

Um die Kreuzigung nicht endlos lange auszudehnen, zerschlug man dem Gekreuzigten, wenn er am Kreuz hing, die Beine (Joh 19,32). Doch bei Jesus verzichtete man auf diese Maßnahme, denn er war bereits tot. Einen interessanten Verweis kann man auch zum Buch Mose ziehen, indem es heißt: „In einem Haus muss man es essen. Trag nichts vom Fleisch aus dem Haus! Und ihr sollt keinen Knochen des Paschalammes zerbrechen" (2 Mo 12,46). Jesus wurde als das Paschalamm selbst gesehen, weil er für die Sünden der Welt sterben sollte. Demnach konnten die Evangelisten sich auch auf diese Stelle des Alten Testamentes berufen, um das ausbleibende Zerschlagen der Beine bei Jesus theologisch zu erklären.

Jesus verstarb nach Aussage der Evangelisten um die 9.

Stunde, also etwa gegen 15 Uhr am Nachmittag. Man nimmt heute an, dass Jesus gegen 9 Uhr hingerichtet wurde, also etwa sechs Stunden am Kreuz hing, bis er starb.

Dann wäre Jesus jedoch außergewöhnlich schnell gestorben! War er schon so stark geschwächt oder half jemand nach, seinen **Tod** schnell herbeizuführen? Wir erinnern uns an den Stich eines Soldaten in die Seite Jesu, der im Johannesevangelium (Joh 19,34) erwähnt wird. Normalerweise wurde dieses gemacht, um zu sehen, ob derjenige, der am Kreuz hang, wirklich tot war. Wenn nicht dann hat es nach dem Stich nicht mehr lange gedauert, bis er verblutete. In der Bibel steht geschrieben, dass aus Jesu Seite Blut und Wasser strömten. Ist ein Mensch aber bereits tot, dann ist sein Blut nach einer bestimmten Zeit geronnen und kann nicht mehr ausströmen. Lebte Jesus zu diesem Zeitpunkt also noch?

Aus medizinischer Sicht ist es zunächst korrekt zu behaupten, dass bei einem Toten das Blut innerhalb kürzester Zeit gerinnt. Direkt nach dem Ableben eines Körpers setzen die Funktionen des Gehirns, der Muskeln, der Lunge und des Herzens aus. Es ist aber nicht außergewöhnlich, dass sich in der Herzgegend, genauer gesagt in den Brustfellsäcken, ein sogenanntes Transsudat ansammelt. Dieses geschieht, wenn ein Mensch im psychischen Stress verstirbt, wie es bei der Folterung bzw. Kreuzigung der Fall war. Das in der Bibel erwähnt Wasser könnte die Flüssigkeit gewesen sein, die sich im Herzbeutel befand. Auch bei Leichenstarre bleibt diese flüssig. Die Soldaten haben nicht mehrere Stunden gewartet, um den Tod Jesu mit der Lanze zu testen. Ziemlich rasch nach dem Ableben, vermutlich noch vor dem Einsetzen der

Leichenstarre, stachen sie Jesus in die Seite. Die Gründlichkeit der Römer lässt vermuten, dass sie wirklich das Herz trafen. Wenn nicht, dann konnte es durchaus sein, dass Jesu Lebensfunktionen noch nicht komplett ausgesetzt hatten, als er vom Kreuz genommen wurde. Und dann könnte er die Kreuzigung wirklich überlebt haben!

Rein theoretisch wäre dies möglich. Es gab damals des Öfteren das Phänomen des „Scheintodes", da eine medizinische Untersuchung eines Leichnams noch nicht in der heutigen Form möglich war. Hätte ein anderes Volk Jesu gekreuzigt, könnte man ein solches Phänomen, dass Jesus nur scheintot war, vielleicht annehmen. Aber nicht bei den Römern. Den Spott, der bei einem solchen Fehler vorprogrammiert war, versuchten sie durch Professionalität bei ihren Kreuzigungen zu vermeiden. Es ist also nahezu auszuschließen, dass die römische Kreuzigung jemand wirklich überlebt hat. Aber nehmen wir noch einmal die Überlegung der wenigen Befürworter der These auf, Jesus hätte die Kreuzigung überlebt.

Dieses passt so gar nicht in die Vorstellung eines gläubigen Christen. In einigen Quellen soll Jesus nach seiner überlebten Kreuzigung wieder nach Indien gereist sein, wo er bereits seine Jugend verbracht hatte, und dort noch viele Jahre gelebt und gelehrt haben, bis er irgendwann als alter Mann starb. Diese Theorie ist aber mehr als fragwürdig. Eine genauere Analyse dieser Hypothesen würde vermutlich ganze Bücher füllen.

Wir gehen an dieser Stelle davon aus, dass das zutrifft, was die Evangelien besagen und was der gläubige Christ bekennt: Jesus ist am Kreuz gestorben. Denn neben der römischen

Gründlichkeit bei den Kreuzigungen gibt es noch weitere Hinweise auf seinen Tod.

Einen wichtigen finden wir bei dem römischen Historiker und Senator Publius (bzw. Gaius) Cornelius Tacitus, der etwa von 57 n. Chr. bis 116 n. Chr. lebte. Dieser schreibt nämlich in einem Teil seines Geschichtswerkes, den sogenannten „Annalen", welche in 16 Büchern die Zeit vom Tod des Kaisers Augustus bis zu Kaiser Nero beinhalten: *„Auctor nominis eius Christus Tiberio imperitante per procuratorem Pontium Pilatum supplicio adfectus erat."* (Tac. ann 44,3), was übersetzt in etwa heißt: „Der Begründer des Namens war Christus und er war zur Kaiserzeit des Tiberius durch den Prokurator Pontius Pilatus zum Tode verurteilt worden". Diese Aussage, möge sie auch umstritten sein, ist äußerst interessant. Sie zeigt, dass Jesus wirklich am Kreuz gestorben sein muss, da Tacitus dies sonst nicht beschrieben hätte. Und noch etwas ist interessant: Tacitus gibt an, dass Jesus durch Pontius Pilatus hingerichtet wurde. Er erwähnt in keiner Weise die Juden, die laut Bibel gegen den Willen des Pilatus forderten, Jesus zu töten. Es bestätigt also die These, dass die Juden erst im Nachhinein für den Tod Jesu verantwortlich gemacht wurden, indem man die Angaben der Bibel verfälschte (vgl. Joh 19,14 f./ Lk 13,1 ff. / Mk 15,8 ff.). Dabei war Tacitus bereits ein Judenhasser und ein Gegner des Christentums. Er hätte die Juden also niemals in Schutz nehmen müssen. Gerade wenn zu dieser Zeit die Juden bereits als die Schuldigen der Hinrichtung Jesu angesehen worden wären, hätte Tacitus dies eindeutig unterstützt.

Und noch ein dritter interessanter Hinweis steckt in der Aussage des Tacitus: Er benennt Jesus als Christus! Warum?

Anscheinend gab es schon sehr früh das Bewusstsein, dass Jesus der in den Schriften des Alten Testamentes verkündete Erlöser der Welt, der Sohn Gottes ist. Tacitus hätte Jesus dann nicht nur aus rein geschichtlich-religiöser Sicht gesehen, sondern sogar aus einer persönlichen Sicht, die einen gewissen Glauben und speziell die Verbindung zwischen dem Glauben und der göttlichen Person Jesu voraussetzt. Auch wenn er selber vermutlich nicht an den prophezeiten Christus glaubte, so sah er ihn doch schon in dieser frühen Zeit als einen besonderen Menschen, der sich von der Masse abhob und somit durchaus in der Lage war, eine neue Religion zu gründen.

Auch der Geschichtsschreiber Flavius Josephus bestätigt die Verurteilung und Kreuzigung Jesu, indem er in seinem Werk „Altertümer" schreibt: „Und als Pilatus ihn, einer Anschuldigung unserer Anführer folgend, zum Kreuz verurteilte, hörten diejenigen, die ihn zu Beginn geliebt hatten, nicht auf, es zu tun" (Altertümer 18,63).

Auch Josephus bestätigt also die Schuld der führenden römischen Persönlichkeiten am Tod Jesu. Denn er sagt „unsere Anführer". Flavius Josephus war zunächst unter dem Namen Joseph ben Mathitjahu als jüdischer Geschichtsschreiber bekannt. Er wechselte etwa um 67 n. Chr. zu den Römern. Da er zur Entstehungszeit seiner „jüdischen Altertümer" (Erscheinungsjahr war 94 n. Chr.) selbst Römer war, können nur die Anführer des römischen Volkes gemeint sein. Es ist also eindeutig nicht die Schuld der Juden gewesen, dass Jesus getötet wurde.

Dass die Römer wollten, dass Jesus möglichst schnell starb, hängt damit zusammen, dass am Abend dieses Rüsttages bereits das Paschafest begann. Gekreuzigte mussten am eigentlichen Paschafest bereits vom Kreuz genommen sein. Eine Leiche am Kreuz war im Rahmen dieses Festes nicht zu dulden. Unabhängig davon, ob Jesus da bereits tot war oder noch lebte, stachen die Soldaten ihm in die Seite, damit sie sicher gehen konnten, dass Jesus noch vor Beginn des hohen Festes wirklich tot war.

Nach dem Tod Jesu wurde sein Leichnam nach Aussage aller biblischen Evangelien vom Kreuz genommen. Joseph von Arimathäa bat darum dies zu tun, da er Jesus die Schmach ersparen wollte, als Gespött der Leute noch länger tot am Kreuz zu hängen. Pilatus erlaubt es und ließ den Körper abnehmen. Joseph von Arimathäa brachte Jesus zum **Grab**. Dieses Geschehnis wird von Johannes am Rüsttag, also am Freitag angesiedelt und muss demnach noch am Todestag Jesu stattgefunden haben. Als Zeitpunkt wird der frühe Abend genannt. Dieses klingt historisch glaubwürdig, da gegen 18.00 Uhr das Paschafest begann. Bis dahin sollte Jesus vom Kreuz genommen worden sein (Joh 19,31). Auch die Evangelisten Markus, Lukas und Matthäus legen dieses Ereignis auf den Tag vor dem Sabbat, also den Rüsttag. Historisch kann die Abnahme Jesu vom Kreuz also mit relativer Sicherheit auf den Freitag datiert werden. Somit kann auch die Feststellung, dass Jesus ungewöhnlich kurz am Kreuz hing, als historisch verifizierbar, also als vermutlich wahr angesehen werden.

Nach dieser Erzählung vom Abnehmen des Leichnams vom Kreuz und seiner Beisetzung in einem Felsengrab folgt die Geschichte von der Auferstehung Jesu. Diese ist vermutlich eher aus der Glaubensperspektive als aus historischer Sicht zu betrachten. Da dieses Thema auch besonders heikel und schwierig ist und schon zu vielen Diskussionen geführt hat, soll es hier nicht weiter betrachtet werden, zumal es historisch äußerst schwierig zu werten ist. Wir schließen dieses Kapitel damit, dass Jesus am Kreuz gestorben ist und in einem Felsengrab bestattet wurde. Sein irdisches Leben war an dieser Stelle beendet.

Spuren Jesu in unserer Zeit

Jesus lebte vor zweitausend Jahren. Eine unvorstellbar lange Zeitspanne bis in die heutige Zeit, in der noch viele weitere geschichtliche Ereignisse stattfanden und ihre Spuren hinterlassen haben. Aber gibt es auch Spuren von Jesus?

Die Suche nach noch heute erhaltenen materiellen Beweisen ist schwierig. Wir müssen bedenken, dass Jesus zu seiner Zeit nicht so berühmt war, dass man direkt nach seinem Tode versuchte, Reliquien von dieser Person zu sammeln und möglichst lange zu konservieren. Zu Königen, Kaisern und anderen bedeutenden Personen finden wir nicht nur schriftliche Hinweise, sondern auch andere Indizien, wie beispielsweise Münzen, auf denen sie abgebildet oder erwähnt werden. Jesus war aus Sicht der meisten Menschen zur damaligen Zeit ein einfacher Zimmermann. Das Interesse an der Person Jesu wuchs erst im Laufe der folgenden Jahre und Jahrhunderte.

Da die heutige Weltbevölkerung regelrecht sensationssüchtig ist, gibt es häufig Versuche, uns mit angeblichen Funden im Bezug auf Jesus zu täuschen. Es wird bei den Reliquien fast immer festgestellt, dass es sich um Irrtümer bzw. Fälschungen handelt, die nichts mit der Person Jesu zu tun haben. Aber es gibt auch vereinzelt Dinge, die vermutlich wirklich auf Jesus zurückgehen könnten.

Zum Beispiel wurde möglicherweise ein Teil der **Tafel** wiedergefunden, die dem gekreuzigten Jesus zugesprochen wird, wieder gefunden. Nach dem modernen Stand der Wissenschaft handelt es sich dabei nicht um eine Fälschung. Ein Hinweis ist beispielsweise, dass alle drei verschiedensprachigen Aufschriften von rechts nach links geschrieben wurden, was eigentlich nur für das Hebräische und nicht für das Griechische und Lateinische gilt. Es war demnach vermutlich ein hebräischer Schreiber, der die Holztafel anfertigte. Aufgrund mangelnder Kenntnisse und aus der Gewohnheit der eigenen Sprache heraus, machte er den Fehler, auch das Griechische und das Lateinische von rechts nach links zu schreiben. Dass ein Fälscher diesen Fehler absichtlich begangen hat, ist unwahrscheinlich und würde keinen Sinn ergeben. Auch andere untersuchte Kriterien sprechen für die Echtheit der Tafel, von welcher ein Teil in der Santa Croce in Gerusalemme in Rom aufbewahrt wird. Die Schriftzeichen und auch die Bemalung der Buchstaben passen in die römische Besatzerzeit, die Zeit, in der Jesus lebte. Es ist gut denkbar, dass es sich hier um die echte Kreuzestafel handelt, zumal sich die Aufschrift auf Jesus bezieht und erstaunliche Parallelen zu den dazugehörigen Angaben in der Bibel aufweist. Die Schrift auf der gefundenen Kreuzestafel hat wie in den Beschreibungen der Evangelien die Bedeutung: „Jesus von Nazareth – der König der Juden".

Auch **Teile des Kreuzes**, an welchem Jesus gekreuzigt wurde, sind angeblich wieder aufgetaucht und befinden sich an unzähligen Orten der Welt. Es ist sicher eine gesunde Skepsis, wenn man behauptet, dass davon nicht alle Holzsplitter echt sind. Vielleicht ist auch kein einziger Splitter echt. Aber einige könnten durchaus vom Jesuskreuz stammen, oder sind zumindest dem Gebiet und der Zeit des Lebens Jesu zuzuordnen. Es ist aber trotz erbrachter geografischer und zeitlicher Einordnungen nicht möglich, einen wirklichen Beweis dafür zu erbringen, dass es sich um Splitter vom Kreuz Jesu handelt. Denn Kreuzigungen waren in Jerusalem, so wie im gesamten Römischen Reich eher die Regel als eine Ausnahme.

Nahe der israelitischen Hauptstadt Jerusalem gibt es einen interessanten Hinweis auf die Person Jesu. Man fand heraus, dass das so genannte „**Davidsgrab**" nicht, wie zunächst vermutet, das Grab des Königs David war. Stattdessen stand an dieser Stelle einmal eine kleine Synagoge, die von Judenchristen teilweise aus Steinen des im Jahre 70 n. Chr. zerstörten Tempels erbaut worden war. Einige Überreste der Mauern sind noch heute sichtbar. Normalerweise ist es Brauch, dass in den Synagogen Jerusalems die Nischen für die Thorarollen in Richtung des Tempelberges zeigen. Bei dieser Synagoge war das nicht der Fall. Sie zeigten vielmehr in Richtung Golgatha, dem Ort, wo Jesus gekreuzigt und vielleicht auch begraben wurde. Und es wird noch spannender. Unter dem Fußboden dieses Gebäudes wurden Malereien entdeckt, die aus dem ersten Jahrhundert nach Christus stammen. Auf ihnen wird Jesus nicht nur erwähnt, sondern sogar angebetet.

Als weitere Reliquie gilt das **Haus des Simon Petrus** in dem Jesus temporär gelebt haben soll. Archäologen legten dieses Haus 35 Meter südlich von der Synagoge Kafarnaums frei. Es treffen die biblischen Aussagen zu, dass das Haus nahe einer Synagoge gestanden haben soll. In den Überresten des Hauses fanden sich Wandteile mit Symbolen und einigen schwer entzifferbaren Inschriften. Auch Jesus wird hier erwähnt und dies sogar mit seinem Titel „Christus"!

Das Haus wurde etwa im 4. Jahrhundert weiter ausgebaut

und bereits dort zu einer Art Gedenkstätte umfunktioniert. Dies könnte ein weiterer Hinweis darauf sein, dass Jesus hier gelebt hat bzw. dass es sich um das biblisch erwähnte Haus des Simon Petrus handelt, in dem Jesus eine Zeit lang wohnte.

1986 wurde am See Genezareth ein **Holzboot** aus dem 1. Jahrhundert gefunden. Auch wenn es sich dabei nicht unbedingt um eines der Boote handeln muss, die Jesus auf dem See benutzte, so ist es doch mit ziemlicher Sicherheit ein Boot von vielen, die zu Lebzeiten Jesu auf dem See fuhren. Auszuschließen ist es nicht, dass Jesus vielleicht auch mit dem wiederentdeckten Boot fuhr.

Eine weitere populäre Reliquie ist die **Grabeskirche** in Jerusalem, die an dem Ort entstand, an dem Jesus beigesetzt worden sein soll. Im Jahre 326 errichtete Kaiser Konstantin an dieser Stelle die erste Grabeskirche. Liegt der Ort heute innerhalb Jerusalems, so befand er sich zur damaligen Zeit noch außerhalb an einem Steinbruch, der auch für Begräbnisse benutzt wurde. Die geografische Lage der Grabeskirche und der Ort, an dem Jesus nach Beschreibungen der Bibel begraben worden war, sind vermutlich identisch. Die Grabeskirche weicht somit eventuell um höchstens einige Meter von dem Ort ab, an dem Jesus begraben wurde.

Es gibt viele Gegenstände und Orte von denen behauptet wird, sie wären Reliquien Jesu. Es ist nach heutigen wissenschaftlichen Erkenntnissen nicht möglich, einen bestimmten Gegenstand zweifelsfrei Jesus zuzuordnen.

Ein berühmtes Beispiel hierfür ist das **Grabtuch von Turin**, was immer wieder für Diskussionen bezüglich seiner Echtheit sorgte. Mit diesem Tuch soll Jesus bei seiner Beerdigung bedeckt worden sein. Es zeigt den Abdruck des Körpers einer gekreuzigten Person, mit Wundmalen an Händen und Füßen, sowie Blutungen am ganzen Körper. Auch die Verletzungen, die eine Krone aus Dornengehölz verursacht haben könnte sind zu erkennen. Das Tuch wirkt wie ein Foto-Negativ. Viele Wissenschaftler haben es bereits untersucht. Einige waren überzeugt, es würde sich um das Grabtuch Jesu handeln, andere meinten, es wäre eine Fälschung. Eine 1988 vom Vatikan in Auftrag gegebene Untersuchung des Stoffes mithilfe der C14-Methode, die das Alter anhand des Kohlenstoff-Verfalls bestimmen kann, kam zu dem umstrittenen Entschluss, dass der Stoff des Leichentuches zwischen 1260 und 1390 entstanden sein muss. Wenige Jahre später fand Avinoam Dani mithilfe einer mikrobiologischen Untersuchung heraus, dass das Tuch Pollen enthält, die nicht auf das Mittelalter, sondern auf Pflanzen aus der Region Jerusalems zu Lebzeiten Jesu verweisen. Viele weitere Untersuchungsmethoden machten das Tuch zu der wohl am meisten untersuchten Reliquie der Welt, ohne dabei zu einem gesicherten Ergebnis zu kommen. Aktuell geht die Wissenschaft davon aus, dass es sich bei dem Grabtuch mit ziemlicher Sicherheit um eine Fälschung handelt. Durch welche Methode und wann das Tuch allerdings entstand bleibt weiter unbeantwortet.

Ein anderes Beispiel ist die größte Reliquie Roms - die *Scala Sancta*, die **Heilige Treppe**. Es soll sich um die Treppe handeln, die Jesus im Palast des Pontius Pilatus zu seiner Verhandlung hinaufsteigen musste. Diese wurde später nach Rom überführt. Auch hier fehlen Beweise dafür, dass Jesus wirklich diese Treppe zu seiner Verurteilung benutzte.

Eine nicht direkt auf Jesus zurückzuführende Reliquie, deren Fund aber trotzdem nicht minder sensationell ist, war die Entdeckung des **Herodes-Grabes**, von Herodes dem Großen, im östlichen Bereich des Herodium-Hügels, der ca. 12 Kilometer südlich von Jerusalem liegt. Dort wo einst die Residenz des Herodes war, der den soeben geborenen Jesus nach Aussage des Matthäusevangeliums versuchte zu ermorden, fand Ehud Netzer im Frühjahr 2007 mit ziemlicher Sicherheit das Grab dieses in der Bibel tyrannisch dargestellten Königs, der als einer der bedeutendsten Herrscher der damaligen Zeit galt.

Somit sind fast alle Reliquien mehr oder weniger umstritten und deshalb auch Thema unzähliger spannender Veröffentlichungen und Diskussionen, weil sich ihre Echtheit wohl nie hundertprozentig beweisen lässt. Heutige Wissenschaftler können meist nur feststellen, aus welchem Gebiet und aus welcher Zeit ein bestimmter Gegenstand stammt. Ein Gentest, um Jesus den Gegenständen zuordnen zu können, kann nicht unternommen werden.

Zeugen Jesu

Es sind nicht nur die biblischen Berichte, die uns Auskunft über das Leben Jesu geben können. Neben den uns bekannten Evangelien gibt es auch solche Quellen, die nicht ihren Weg in die Bibel geschafft haben. Diese sind beispielsweise das Evangelium des Thomas, das geheime Markusevangelium oder auch das Ägypterevangelium. Diese Evangelien werden apokryphe Schriften genannt. Sie wurden aus verschiedenen Gründen nicht in den Kanon der Bibel aufgenommen. Auch Zeitzeugen, wie Flavius Josephus oder die Verfasser der gefundenen Qumran-Schriftrollen helfen uns, einen besseren Einblick in die damalige Zeit zu bekommen und berichten über Jesus Dinge, die wir nicht in den kanonischen Evangelien, also den Evangelien der Bibel finden. Die moderne Wissenschaft versucht aus einem Puzzle von Evangelien, Zeitzeugen und allgemeinen Geschichtsforschungen ein möglichst exaktes Bild Jesu zu konstruieren. Deshalb ist es interessant, diese nichtbiblischen Quellen einmal näher zu betrachten.

Die **Schriftrollen von Qumran** beispielsweise wurden vor nicht allzu langer Zeit in elf Höhlen im Nordwesten des Toten Meeres, in der Nähe von Jerusalem gefunden. Die nach Anwendung eines Radiokarbontestes auf die Zeit Jesu datierten Schriftstücke befanden sich in Tonkrügen und gehörten der Qumran-Gemeinde, einer Essener-Gemeinde von asketischen, frommen, männlichen Juden, die in dieser Umgebung gelebt haben. Aufgrund ihres asketischen Lebens kann man sie in gewisser Weise mit Mönchen vergleichen. Vom römischen Gelehrten Plinius (der Ältere) werden sie um etwa 70 n. Chr. als Essener-Gemeinschaft beschrieben. Einige Theologen und Wissenschaftler bringen diese Gemeinschaft häufig mit Jesus in Verbindung. Doch dass Jesus ebenfalls, zumindest zeitweise hier lebte, ist relativ unwahrscheinlich, da es keinerlei Hinweise auf seine Person in Qumran und dessen Schriftrollen gibt. In einem der Texte wird lediglich ein „Lehrer der Gerechtigkeit" erwähnt, wobei es zur damaligen Zeit viele prophetisch wirkende Personen gab, die versuchten, ihre Lehre als das einzig Wahre zu vermitteln. Diese Lehre von der Gerechtigkeit musste befolgt werden, um zur Erlösung zu gelangen. Die Mitglieder solcher Sekten mussten Verfolgungen ertragen und wurden letzten Endes bei der Niederschlagung des jüdischen Aufstandes ausgemerzt. Dass es sich also bei dem erwähnten „Lehrer der Gerechtigkeit" um Jesus handelte, ist theoretisch vielleicht möglich, praktisch aber doch relativ unwahrscheinlich. Echte Beweise gibt es dafür nicht. Die Qumran-Schriftrollen beinhalten außerdem nur Aussagen über die Zeit, die Jesus unmittelbar vorausgegangen ist.

Neben den Schriftrollen von Qumran gab es auch noch weitere Evangelien z. B. das **Markusevangelium**. Bibelkundige Leser mögen jetzt irritiert denken, dass dieses Evangelium doch bereits in der Bibel vorhanden sei und haben damit teilweise auch recht. Das biblische Evangelium ist jedoch viel kürzer als die Version, auf die ein im Jahre 1958 im Kloster von Mar Saba (nahe Betlehem) gefundener Brief Bezug nimmt. Er verweist nicht auf das Original des Markusevangeliums, sondern auf eine handschriftliche Abschrift desselben. Das Schriftstück entstand im 18. Jahrhundert und wird auf einen Mönch zurückgeführt. Er schrieb wahrscheinlich einen alten Brief von Clemens von Alexandrien (etwa 150-215 n. Chr.) ab, von dem nur zwei Fragmente auf diese Weise überliefert worden sind. In diesen schreibt Clemens von Alexandrien, dass Markus noch ein zweites Evangelium verfasst habe, zusätzlich zu seinem bereits geschriebenen Evangelium, was wir aus der Bibel kennen. Als plausible Möglichkeit ordnet man dieses zweite Evangelium als Weiterführung des ersten ein. Markus könnte damit beabsichtigt haben, sein Evangelium noch einmal für fortgeschrittene und gläubige Leser zu überarbeiten. Es ist eine längere Version, die vermutlich unbekannte Aussprüche Jesu beinhaltet. Es liegen nur zwei Fragmente des Briefes von Clemens von Alexandrien vor, welcher an einen unbekannten Theodorus gerichtet war und der Antworten auf Fragen desselben beinhaltete. Diese Fragen stellte Theodorus, weil er von unbekannten Jesusworten gehört hatte, die von den Karpokratianern verbreitet wurden. Und Clemens bestätigt, wie schon erwähnt die Existenz eines weiteren Markusevangeliums. Doch sind die Aussagen, welche der Lehrer Karpokrates gemacht haben soll, mit Vorsicht zu genießen. Die Briefe enthalten sowohl wahre Aussagen, als auch von Clemens nicht erkannte Verfälschungen. Jedoch kann mit Sicherheit von der ehemaligen Existenz eines weiteren Markusevangeliums ausgegangen werden.

Dann gibt es noch das geheime **Thomasevangelium**, welches 1945 in der Nähe der ägyptischen Stadt Nag Hammadi in Form von alten Handschriften gefunden wurde. Der Titel „Thomasevangelium" findet sich als Bezeichnung des Textes am Ende des entsprechenden Abschnitts der Handschrift. Der Text des Thomasevangeliums hat jedoch in seiner Struktur sehr wenig mit den anderen Evangelien gemeinsam. Es ist keine zusammenhängende Erzählung; Leiden, Tod und Auferstehung Jesu kommen nicht vor.

Einzelne Worte Jesu und kurze Erzählungen sind in insgesamt 114 Sprüchen verzeichnet. Manche Abschnitte lehnen sich eng an die vier biblischen Evangelien an, andere sind eher rätselhaft.

Über die Abfassungszeit des Textes gibt es unterschiedliche Ansichten. Einige Forscher gehen so weit anzunehmen, dass das Thomasevangelium als reine Spruchsammlung sogar älter sein könnte, als die biblischen Evangelien. Meist wird jedoch die Zeit um die Mitte des zweiten Jahrhunderts als Entstehungszeitraum angenommen. Ein Werk mit dem Titel „Thomasevangelium" ist seit der Mitte des dritten Jahrhunderts bekannt. Einzelne Sprüche können in frühere Jahre zurückreichen. Damit wäre dieser Text, anders als oftmals vermutet wird, teilweise um einiges jünger, als die kanonischen Evangelien.

Der Titel „geheimes Thomasevangelium" beruht auf die einleitenden Worte der Schriften, in denen es heißt: „Dies sind die geheimen Worte, die Jesus der Lebendige sagte und die Didymus Judas Thomas aufgeschrieben hat".

An sich ist das Thomasevangelium nichts weiter als eine konzentrierte Ansammlung von Worten Jesu.

Das Thomasevangelium ist nicht mit dem **Kindheitsevangelium nach Thomas** in Verbindung zu bringen, welches im auslaufenden 2. Jahrhundert nach Christus durch „Thomas den Israeliten" entstand. Das Kindheitsevangelium nach Thomas schildert, wie der Name schon sagt, die Kindheit Jesu und vor allem seine wundersamen Fähigkeiten, welche er bereits in seinen Jugendjahren demonstrierte. Aus den Schilderungen der

Jugendjahre Jesu konnten auch einige Erkenntnisse übernommen und in die oben stehenden Rekonstruktion seines Lebens eingebunden werden, die sich somit nicht allein auf die biblischen Evangelien beschränkt.

Zusätzlich zu den angegebenen Beispielen finden sich auch noch weitere aufschlussreiche, nicht kanonisierte, also nicht in die Bibel aufgenommene Evangelien, wie etwa das Petrus-, das Matthias- oder auch das Philippusevangelium. Interessant zu erwähnen ist auch noch das Evangelium der Maria (eventuell ist Maria Magdalena gemeint) und das Protevangelium des Jakobus.

Spannend bezüglich der postjesuanischen Zeit ist ein Satz in der Biografie des Kaisers Claudius, die von Sueton (70- ca. 130 n. Chr.) geschrieben wurde. Er scheint auf die Vorgänge nach dem Tode Jesu einzugehen, wenn er über Kaiser Claudius schreibt: „Die Juden, die von Chrestus aufgehetzt, fortwährend Unruhen anzettelten, vertrieb er aus Rom." Zwar stimmt es, dass die Juden aus Rom vertrieben wurden, doch ist die Bezugnahme Suetons auf „Chrestus" irreführend und zeigt, dass er nicht gut genug informiert war. „Chrestus" wurde nämlich häufig als Eigenname bei Sklaven benutzt, da es so viel heißt wie „der Nützliche" oder „der Tüchtige". Es hat wenig mit dem Titel Christus zu tun, auf den sich Suenton eigentlich beziehen wollte. Dennoch zeigt dieser Satz, dass Jesus es tatsächlich geschafft hatte, die Sympathien zumindest eines Teiles der Bevölkerung zu gewinnen.

Der bereits genannte jüdisch-römische Geschichtsschreiber **Flavius Josephus** wurde ca. 37 n .Chr. in Jerusalem geboren und gehörte dem Priesteradel an. Er war zunächst antirömisch eingestellt, wechselte jedoch dann die Seiten und zog nach Rom, wo er auch seine bedeutenden Schriften „Geschichte es jüdischen Krieges", „Jüdische Altertümer" und „Über das hohe Alter des jüdischen Volkes" in griechischer Sprache verfasste und etwa im Jahr 100 n. Chr. verstarb. Nur wenige Jahre nach Jesu Tod geboren und anfänglich in Jerusalem beheimatet, gilt Josephus als besonders bedeutender, wenn auch indirekter Zeuge im Zusammenhang mit der Person Jesu.

Josephus erwähnt in seinem Werk „Jüdische Altertümer" Jesus wie folgt: „Um diese Zeit lebte Jesus, ein weiser Mensch, wenn man ihn überhaupt einen Menschen nennen darf. Er war nämlich der Vollbringer ganz unglaublicher Taten und der Lehrer aller Menschen, die mit Freuden die Wahrheit aufnahmen. So zog er viele Juden und auch viele Heiden an sich. Er war der Christus. Und obgleich ihn Pilatus auf Betreiben der Vornehmsten unseres Volkes zum Kreuzestod verurteilte, wurden doch seine früheren Anhänger ihm nicht untreu. Denn er erschien ihnen am dritten Tage wieder lebend, wie gottgesagte Propheten dies und tausend andere wunderbare Dinge von ihm vorher verkündigt hatten. Und noch bis auf den heutigen Tag besteht das Volk der Christen, die sich nach ihm nennen, fort" (18.3.3).

Er benennt Jesus, wie bereits in einem anderen Zusammenhang gesehen, als den Christus und beschreibt sogar dessen Auferstehung am dritten Tag. Aus heutiger Sicht ist auch interessant, dass Josephus das Bestehen des Christentums „bis zum heutigen Tag" so hervorhebt - und das im 1. Jahrhundert nach Christus! Hätte man ihm gesagt, dass auch noch zweitausend Jahre später dieser Christus verehrt werden und sogar an Popularität gewinnen würde, hätte er vermutlich nur geschmunzelt. Und schon allein diese Popularität, zweitausend Jahre nach Jesu Tod, ist eines der größten Wunder überhaupt. Deshalb muss Jesus wirklich besonders gewesen sein, wenn er als Sohn eines einfachen Zimmermanns zu Lebzeiten und besonders nach seinem Tod so enorm populär werden konnte.

Neben den genannten Hinweisen auf Jesus gibt es noch weitere, deren Echtheit meist nicht bestritten wird:

„Ananos (der Hohepriester) berief eine Versammlung der Richter und ließ vorführen den Bruder Jesu des sogenannten Christus, Jakobus mit Namen, und einige andere, erhob gegen sie als Gesetzesübertreter eine Anklage und überantwortete sie zur Steinigung" (Flavius Josephus: Jüdische Altertümer; 20, 200).

„Vorher ruft ein Herold aus. Also nur (unmittelbar) vorher, früher aber nicht. Dagegen wird ja gelehrt: `Am Vorabend des Pesahfestes hängte man Jesus´. 40 Tage vorher hatte der Herold ausgerufen: `Er wird zur Steinigung hinausgeführt, weil er Zauberei getrieben und Israel verführt und abtrünnig gemacht hat. Wer etwas zu seiner Verteidigung zu sagen hat, der komme und sage es.´ Da aber nichts zu seiner Verteidigung vorgebracht wurde, hängte man ihn am Vorabend des Pesahfestes. Ula (ein Rabbi, Ende des 3. Jahrhunderts n. Chr.) erwiderte: `Glaubst du denn, dass man für ihn überhaupt eine Verteidigung zu suchen brauchte? Er war ja ein Verführer, und der Allbarmherzige sagt: Du sollst seiner nicht schonen noch seine Schuld verheimlichen.´

Vielmehr war es bei Jesus anders, da er der Regierung nahe stand" (aus dem Talmud [2. – 6. Jh.]: Traktat Sanhedrin 43a).

„Übrigens verehrten diese Leute den bekannten Magus, der in Palästina deswegen gekreuzigt wurde, weil er diese neuen Mysterien in die Welt eingeführt hatte … Denn diese armen Leute haben sich in den Kopf gesetzt, dass sie mit Leib und Seele unsterblich werden, und in alle Ewigkeit leben würden: Daher kommt es dann, dass sie den Tod verachten und viele von ihnen ihm sogar freiwillig in die Hände laufen. Überdies hat ihnen ihr erster Gesetzgeber beigebracht, dass sie untereinander alle Brüder würden, sobald sie den großen Schritt getan hätten, die griechischen Götter zu verleugnen, und ihre Knie vor jenem gekreuzigten Sophisten zu beugen, und nach seinen Gesetzen zu leben" (Lukian von Samosata [ca. 120 bis 180 n. Chr.]: De morte Peregrini, 11).

Dass Jesus ein gewisses Aufsehen in seiner Zeit erregt haben muss, ist unbestritten. Jesus wird in den Quellen über ihn aber oft nicht nur politisch als eine besondere Person bezeichnet. Es werden ihm auch wundersame Fähigkeiten zugesprochen.

Die Evangelien stellen die Wunder Jesu besonders stark in den Mittelpunkt. Aber konnte er wirklich so unerklärliche Wunder vollbringen, wie sie in der Bibel beschrieben werden?

Wunder und Zeichen

Was soll man von den wundersamen Handlungen Jesu halten, die eher an eine Märchenerzählung oder Zaubershow erinnern, als an reale Handlungen einer Person? Was konnte Jesus damals wirklich? War er ein Zauberer und Illusionist, der durch Täuschung und Geschick versuchte, die Menschen in seinen Bann zu ziehen, also etwa der galiläische David Copperfield? Oder gibt es tatsächlich Hinweise auf besondere Fähigkeiten?

Es ist wichtig, zwischen den verschiedenen „Künsten" zu unterscheiden. Die Evangelien reden von Wundern, Heilungen und Exorzismen. Man kann nicht pauschal sagen „Jesus hat Wunder gewirkt" oder „Jesus hat keine Wunder gewirkt". Man kann mit Sicherheit sagen, dass Jesus die Fähigkeit zum Heilen hatte, was allerdings zur damaligen Zeit nicht so besonders war, wie man vielleicht zunächst vermutet. Es gab viele **Wunderheiler und Exorzisten**. Viele Krankheiten, besonders im Bereich der psychischen Problemfelder, wurden darauf bezogen, dass der Betroffene von einem bösen Geist besessen war, einem Dämon, der ausgetrieben werden musste. In diesem Bereich können wir anscheinend Jesu wirkliches Handeln finden. Er war weniger der Arzt, der in seiner Praxis die Erkrankungen seiner Mitmenschen mit irgendwelchen unerklärlichen Methoden heilte. Er zählte sich selbst vermutlich vielmehr zu den Exorzisten, also zu den Vertreibern der bösen Geister. Man kann dies durchaus ein wenig mit heutigen Psychologen vergleichen, obwohl der gravierende Unterschied darin besteht, dass Psychologen die Ursachen von psychischen

Erkrankungen kennen und versuchen zu behandeln, während Jesus und seine Mitstreiter annahmen, dass Dämonen für das ungewöhnliche Benehmen, zum Beispiel für die geistige Verwirrtheit einer Person verantwortlich seien. Wir begeben uns hier wieder in den theologischen Bereich. Wie wir heute wissen, kann der Glaube an eine Gabe wahre Wunder bewirken. Wenn Jesus also, mal angenommen, nicht wirklich wusste, wie man geistig verwirrte Leute therapierte, hat dann nur der Glaube an die heilende Kraft einen Placeboeffekt herbeigeführt oder hatte Jesus wirklich magische Kräfte?

Zumindest hatte Jesus wohl wirklich die Gabe so auf einen Menschen einzugehen, dass dieser wieder die innere Kraft schöpfen konnte, die ihn bei der Heilung unterstützte. Nicht nur die Bibel, auch die anderen Zeugen Jesu erzählen von wundersamen Heilungen. Er muss also wirklich diese besondere Gabe gehabt haben. Betrachtet man die Erzählungen der Bibel, so merkt man, dass bei seinen Handlungen die persönliche Zuwendung immer eine wichtige Rolle spielt. Die jesuanischen Heilungen können also als psychosomatischer Art bezeichnet werden. Das bedeutet, dass allein durch die Zuwendung und somit durch die geistige Stimulation eine positive Beeinflussung der körperlichen Beschwerden stattfinden konnte. Dabei wendet er sich auch denen zu, die sonst von jedermann verachtet wurden. Er gibt sich mit Kranken, Aussätzigen und Behinderten ab. Schon allein das musste damals wie ein Wunder wirken. Denn es herrschte primär der Gedanke, dass es nicht gut war, sich mit solchen Menschen abzugeben. Vergleichbar ist diese Situation mit der Missachtung und Verfolgung von Andersartigen in der NS-Zeit. Aber Jesus trat auf diese Leute zu und bildete sogar eine Tischgemeinschaft mit ihnen. Es gilt auch zu bedenken, dass wir uns bei den biblischen Erzählungen nicht in der heutigen Zeit befinden, sondern in Palästina vor zweitausend Jahren. In der antiken Weltvorstellung waren Wunder etwas nicht alltägliches, aber trotzdem galten einige Vorgänge, ob bei Heilungen oder sonst wo, die heute im Gegensatz zu damals erklärbar sind, in jener Zeit als ein undeutbares Wunder. Die antike Welt war geprägt von Mythen und Sagen. Daher passte Jesus mit seinen Wundern in dieses göttliche Schema, in welches er gesteckt wurde.

Ein Wunder war zunächst ein Verstoß gegen die Naturgesetze. Diesbezüglich gibt es zwei Möglichkeiten. Entweder man bezeichnet ein Wunder als göttlich, wie es die Kirche im Allgemeinen macht oder man versucht es wissenschaftlich zu erklären, wobei es dann den Status eines Wunders weitestgehend verliert. Nur gibt es hier das Problem, dass wir zu wenige Informationen darüber besitzen, was damals vorgefallen ist. Wir haben zwar die Überlieferungen der Evangelien, die ein genaues Bild der damaligen Verhältnisse zu geben versuchen, häufig aber von Unwahrheiten durchzogen sind, wenn es um den Bereich der Historizität geht, also darum, was geschichtlich wirklich geschehen ist.

Neben den zumindest ansatzweise historisch denkbaren Heilungen und Exorzismen gibt es noch weitere Wunder. Da schreibt die Bibel über einen Menschen, der über das Wasser spazierte oder mit sieben Broten vierhundert Menschen speiste. Dieses sollte nicht so interpretiert werden, dass Jesus ein großer Zauberer war, wie es auf den Leser der Evangelien wirken könnte. Wenn man die Wunder einmal in ein anderes

Licht rückt, merkt man schnell, dass ein zaubernder Jesus nur eine Wunschvorstellung der Evangelisten ist. Ein Großteil dieser Art von Wundern ist nachweislich erfunden, um an die Göttlichkeit des Gottessohnes zu erinnern. Ähnliche Geschichten werden auch über andere antike Götter erzählt. Auch ihnen wurden bestimmte Fähigkeiten und Sagen angedichtet. Aber trotzdem können einige Grundelemente der Geschichten tatsächlich auf wahren Begebenheiten beruhen. So wird beispielsweise von einigen Experten angenommen, um nur einmal einen kleinen Einblick in die wissenschaftlichen Erklärungsversuche zu bieten, dass Jesu Gang auf dem Wasser (Mk 6,45-52) wohl ein Gang über umherschwimmende Holzbalken war. Die Geschichte erzählt davon, dass dieses Ereignis in der Nacht stattgefunden haben soll. Er konnte also unbemerkt mit einer Art Floß oder eben solchen Holzbalken zu ihnen gelangen, um ihnen beim Fischen zu helfen. Eine neuere Theorie ist, dass es zur damaligen Zeit kälter war und der See Genezareth, der tiefste Süßwassersee der Erde, in der Winterzeit zugefroren war. Somit konnte Jesus auf dem Eis gehen. Einige Menschen sind ganz begeistert von dieser Theorie und sie klingt auch im ersten Moment plausibel. Aber schon eine Tatsache, die oft gar nicht beachtet wird, spricht gegen diese eigentlich einleuchtende Vermutung: Ein Boot kann auf Eis nicht fahren! Sie merken, dass es teilweise nur einem kleinen Gedankengang bedarf, um eine These selbst einordnen und widerlegen zu können. Auch für die mysteriöse Brotvermehrung könnte es eine simple Erklärung geben: Jesus hatte tatsächlich nur wenig Brot bei sich. Als er dieses aber teilte, machten es ihm die Menschen, die selbst noch etwas Brot bei sich hatten nach und teilten auch. Somit konnten alle gesättigt werden. Auch wenn sich das Brot nicht aus dem Nichts vermehrte, so lässt sich doch schon alleine die Geste des Teilens als ein Wunder bezeichnen. Auch wenn die biblisch angegebene Zahl vierhundert wohl ein wenig höher gegriffen sein dürfte, als sie real war, ist es doch beachtlich, dass Jesus so viele Menschen dazu bewegen konnte, ihre vermutlich knappe Nahrung mit anderen Menschen zu teilen.

Jesus konnte oder wollte auf die Aufforderung der Leute keine Wunder aus dem Stehgreif bewirken, wie es Mk 8,11-13 zeigt. Das passt zu seiner Person. Er war niemals angeberisch, sondern zog es vor seine Taten eher im Stillen zu vollziehen, anstatt vor einem großen Publikum.

Nicht nur im theologischen Bereich, sondern in allen Bereichen spielen mysteriöse und wundersame Dinge eine Rolle, auch wenn die Menschheit immer weiter in diese unbekannten Gebiete vorzudringen vermag. Wir glauben heute unsere Welt gut zu kennen, aber in Wirklichkeit kennen wir nur einen Bruchteil und können noch immer viele Dinge nicht erklären. Vielleicht gehörte Jesus wirklich in diesen Bereich der Phänomene, die wir bis zum heutigen Tag einfach nicht begreifen und erklären können.

Es lässt sich behaupten, dass Jesus eine heilende Gabe besaß, die zur damaligen Zeit verwunderlich anmutete. Im Rahmen der Wunder ist immer eine besondere **Zuwendung** Jesu zu erkennen. Es ist in der Bibel meistens von Zeichen oder Machttaten die Rede. Alle diese Zeichen, ob sie in Form von Heilungen oder sonstigen Taten stattfanden, wurden auf Gott zurückgeführt. War ein Mensch krank und wurde wieder gesund, war es Gott, der ihn geheilt hat. Wenn nun also Beschwörungen oder rituelle Praktiken vollzogen wurden und der „Patient" danach wieder gesund wurde, so sprach man von einem Wunder bzw. einem Zeichen. Und wenn Jesus sich den Kranken zuwandte und diese danach wieder gesundeten, dann sprach man ihm die Gabe zu, Wunder bewirken zu können. Er war der Sohn Gottes und musste daher besser als jeder andere einen Genesungsprozess beeinflussen können. Jesus ging also auf die Leute zu und machte Kranken Mut bzw. therapierte psychosomatische Erkrankungen. Deshalb können ihm wohl Zeichen solcher Art zugesprochen werden. Der Genesungsprozess trat allerdings nicht so schnell ein, wie ihn die Evangelien beschreiben, sondern ging über Tage bzw. Wochen. Die schnelle biblische Gesundung will besonders die Einzigartigkeit Jesu unterstreichen und stellt seine Taten deshalb in so einmaliger Weise dar. Einige „Wunder", die er bewirkt haben soll, gehen überhaupt nicht auf Jesus zurück, wurden ihm aber trotzdem zugesprochen. Der jeweilige Evangelist wollte damit, wie auch Jesus mit seinen Zeichen, zum Ausdruck bringen, dass das Reich Gottes schon angebrochen ist, ja, dass Gott bereits unter den Menschen und an den Menschen wirkt. Zeichen und Wunder haben immer eine metaphorische Aussage. Und gerade dies ist vermutlich auch die eigentliche Absicht der Wundererzählungen gewesen. Wie bei den Gleichnissen zu erkennen, will Jesus die Verbindung zum Reich Gottes eröffnen. So scheinen die Wundergeschichten eingefügt zu sein, um auf das nach seiner Auffassung bereits begonnene

Reich Gottes zu verweisen, welches nicht erst mit der Apokalypse in Kraft tritt, sondern schon mitten unter uns ist. Der Begriff Wunder bedeutet dabei zunächst nichts weiter, als etwas Unerklärbares. Etwas Unerklärbares ist aber nicht gleich etwas Unmögliches. Wir können also heutige Wunder nicht mit den antiken Wundern der damaligen Zeit vergleichen. Wenn man dieses bedenkt, war Jesus vielleicht kein Zauberer, aber er hatte die Kraft auf Menschen zuzugehen und ihnen Mut zu machen, was sich die meisten anderen Menschen nicht trauten. Einige seiner Patienten konnten durch den Glauben an eine mögliche Genesung und durch den Glauben an Gott einen schnelleren Heilungsprozess erfahren. Dieser Glaube und die damit verbundenen Heilungen transportieren die Botschaft, die auch in den biblischen Erzählungen der Wunder steckt: Gott ist unter uns!

Wir müssen also konkret zwischen zwei Arten von Wundern unterscheiden:

Der erste Bereich ist jener, in welchem Jesus Menschen heilte, bzw. von Dämonen befreite, also **Heilungswunder** Diese Art der Wunder können wir mit ziemlicher Sicherheit auf den historischen Jesus beziehen. Solche therapeutischen und psychosomatischen Heilungen gab es zu der damaligen Zeit häufiger. Einige Leute besaßen die Gabe, psychisch bedingte Krankheiten heilen zu können, die oft mit bösen Dämonen erklärt wurden. Auch Jesus hatte wohl diese Gabe. Anders als die anderen Wunderheiler sprach er sich jedoch diese Heilungen nicht selbst zu, sondern machte klar, dass Gott ihm diese Kraft gegeben habe und die Menschen in Wirklichkeit von Gott und durch den Glauben an ihn geheilt würden. Jesus selbst war nur der Mittler zwischen Gott und den Menschen. Er, der Sohn Gottes war derjenige, durch den Gott in der Welt wirken konnte.

Jesus wirkte also, wenn man es streng sieht, diese Wunder nicht selber. Er stärkte die Menschen, indem er ihnen durch den Glauben an Gott wieder neue Kräfte gab. Dieser positive Effekt führte dazu, dass die Menschen durch dieses Vertrauen und den Willen zur Genesung wieder gesund wurden. Jesus selbst macht dies deutlich. Er nimmt sich nicht selbst der Wunder an, sondern sagt: „Dein Glaube hat dir geholfen" (Mk 5,34 / Mk 10,52). Der biblische Jesus distanziert sich also selbst davon, dass er persönlich diese Wunder wirken konnte und animiert stattdessen zum Heil bringenden Glauben. Jesus wirkte somit wirklich als Therapeut, was zu der damaligen Zeit als wunderlich angesehen wurde, besonders, wenn er Gott für diese Heilungen verantwortlich machte. Jesus wollte zeigen, dass der Wendepunkt zu einer neuen Welt sei, in der Gott die Kranken heilt und das Böse besiegt. Bezüglich der Nachfolge Jesu würde dies für uns bedeuten, dass auch wir den Armen und Kranken Mut zusprechen sollen, um ihnen somit Kraft zu geben, ihr Schicksal anzunehmen oder sogar zu überwinden.

Die zweite Art von Wundern sind die **Naturwunder, Geschenkwunder und Epiphanien**. Zu diesen Wundern gehören beispielsweise der Gang Jesu auf dem Wasser (Mt 14,22-33), die wundersame Brotvermehrung (Mt 14,13-21) und die Geschichten von den Erscheinungen Jesu nach seinem Tod, die als Epiphanien bezeichnet werden. Diese sind dem historischen Jesus nicht zuzuschreiben. Man kann auch sagen, dass diese Wunder erfunden und nicht wirklich passiert sind. Die Autoren stillten mit ihnen vielmehr das Verlangen der damaligen Gesellschaft, sich solche mysteriösen Geschichten zu erzählen. Wer glaubt, dass diese Wunder der Wahrheit entsprechen, der erkennt nicht ihre eigentliche Aussageabsicht. Es ist nämlich nicht das Ziel des Glaubens es für historisch anzusehen, dass Jesus wirklich auf dem See laufen konnte. Diese Art der Wundergeschichten entstand aus dem Osterglauben heraus. Nach Jesu Tod wollten ihn die Evangelisten noch mehr als besonderen Menschen darstellen, als er ohnehin schon war. Daher erfanden sie diese Geschichten. Teilweise beriefen sie sich dabei auf Erzählungen und Prophezeiungen des Alten Testaments, wo bereits ähnliche Geschichten zu finden waren. Es darf auch nicht vergessen werden, dass der Erlöser im Alten Testament mit solchen Wundern angekündigt wurde. Daher mussten die Evangelisten Jesus, den sie als diesen Erlöser sahen, solche Fähigkeiten nachsagen, die nachweislich nicht historisch sind.

Vor etlichen Jahren wurde der Glaube in unseren Breiten noch viel fundamentaler gelebt, als dies aktuell der Fall ist. Damals glaubte man, dass Jesus wirklich solche wundersamen Fähigkeiten besaß, wie sie uns die Evangelisten schildern. Erst in der heutigen aufgeklärten und modernen Zeit beginnt die Kirche zusammen mit theologischen Wissenschaftlern, die Menschen über die wahre Absicht dieser Geschichten zu unterrichten. Wenn man die Wundererzählungen als reale Zeugnisse Jesu ansieht, so ist man blind für das, was sie uns wirklich sagen wollen! Denn in ihnen steht eine weit wichtigere Aussage als die, dass Jesus beispielsweise über das

Wasser gehen konnte. Sie sind mythisch zu betrachten. Über viele Gestalten der Antike wurden solche Geschichten erzählt, allerdings über keine soviel wie über Jesus. Bei Jesus beinhalten sie die messianische Idee. Jesus wurde mit besonderen Fähigkeiten von den alttestamentlichen Propheten angekündigt, also musste er diese Erwartungen in den Evangelien auch erfüllen. Die besonderen Fähigkeiten sollen unterstreichen, dass Jesus wirklich als der angesehen werden wollte, der als Sohn Gottes prophezeit wurde. Somit sollten auch denen die Augen geöffnet werden, die dies ohne die Wunder nicht erkannt hätten. Heute erzielen die Wundergeschichten genau Gegenteiliges: Sie wirken aufgrund ihrer Absonderheit abstoßend auf die meisten Rezipienten und unterstützen eine Haltung der Ungläubigkeit. Die Versäumnisse der Kirche, die Menschen über den wahren Gehalt der Bibel und den Sinn der Wundererzählungen aufzuklären, wirkt sich nun fatal aus, sodass es allerhöchste Zeit ist, den wahren Stellenwert der Bibel und der Person Jesu zu verdeutlichen.

Konkretisierend soll ein Beispiel zeigen, wie enttäuschend es sein kann, die Bibel wortwörtlich zu verstehen:

Jesus ging in stürmischer Nacht über den See zu seinen Jüngern (Mt. 14, 22-33). Diese Seewandelgeschichte ist, wie bereits angedeutet, keine reale Erzählung. Wenn wir aber davon ausgehen würden, dass diese Geschichte wirklich so stattgefunden hat und Gott seinem Sohn Jesus die Möglichkeit gab, über das Wasser zu laufen, dürfen wir berechtigt fragen: Wo ist dann Gott, wenn wir ihn heute in ähnlichen Situationen brauchen? Wir denken etwa an die große Flutkatastrophe in Südostasien im Jahr 2004. Warum hat Gott die etwa 200.000 Todesopfer nicht verhindern können, wenn sein Sohn Jesus doch damals, mittels seiner göttlichen Kraft, die Menschen aus Notlagen retten konnte? Warum hat er nicht einen Priester beauftragt, die Katastrophe abzuwenden? Oder warum ertrinken immer wieder Personen in Seen, ohne dass ihnen Jesus oder eine andere rettende Person zur Hilfe kommen kann? Die Antwort ist einfach: Auch Jesus konnte solche Wunder nicht vollbringen! Die Geschichten dieser Natur- und Rettungswunder sind eben nur Erfindungen der Evangelisten, um zu zeigen, dass Jesus der Messias war, der im Alten Testament angekündigt wurde. Der Umgang mit der Bibel wird auch in Zukunft immer schwierig bleiben, besonders bezüglich der Frage, wie sie zu verstehen ist. Dass eine wörtliche Auslegung bewirkt, dass wir das eigentliche Verständnis nicht erlangen, ist in den Ausführungen dieses Buches hoffentlich deutlich geworden. Wenn wir also die Bibel lesen, dann sollten wir nicht die Worte Immanuel Kants vergessen, der das lateinische Zitat des römischen Dichters Horaz „sapere aude" (wage zu wissen) wie folgt interpretiert: „Habe Mut, dich deines eigenen Verstandes zu bedienen".

Alles, was uns in der Bibel unmöglich vorkommt, wie etwa ein Jesus, der über das Wasser geht, ist ein märchenhaftes und unwirkliches Element, das auch als solches zu verstehen ist. Bei diesem Herausfiltern des historisch Unwirklichen hilft uns besonders unser Verstand. Es ist ganz einfach: Was nicht passiert sein kann ist auch nicht so geschehen, sondern soll uns die Augen für viel mehr öffnen. Dramatiker würden jetzt sagen, dass sich hinter den biblischen Märchengeschichten geheime Botschaften befinden und hätten nicht ganz unrecht damit. Die Botschaften sind zwar nicht geheim, aber es sind Botschaften, die sich individuell an den jeweiligen Leser der Geschichte richten und die auf unser ganz persönliches Leben umgedeutet werden können. Somit steckt in ihnen ein viel größeres Wunder als ein seewandelnder Jesus, nämlich, dass diese 2000 Jahre alten Geschichten übertragbar und übersetzbar sind in unsere heutige moderne Zeit und auf unsere persönliche Situation. Dies ist genau der Bereich an den auch Eugen Drewermann immer wieder mit seinen tiefenpsychologischen Deutungen anknüpft. Er macht deutlich, wie gehaltreich die Evangelien wirklich sind. Er erkennt den Wert des Goldes, welches hinter dem festen Gestein eines Felsens gefangen ist und nur dann entdeckt werden kann, wenn der Wert des Felsens nicht allein auf sein Äußeres reduziert wird. Was ist uns persönlich wertvoller? Das schöne und harmonische Äußere des Steines oder (rein materialistisch gedacht) das Gold im Inneren dieses Steines? Die Bibel will uns dazu anregen ihre Geschichtlichkeit aufzubrechen und uns auf die Suche nach ihrem wahren Gehalt zu machen, welches für jeden von uns individuell in der Bibel verborgen liegt. Doch wo sollen wir suchen? Genau dort, wo uns die Bibel Hinweisschilder gibt. An den Stellen, wo etwas nicht zu passen scheint, wo etwas einen märchenhaften und fantastischen Charakter ausstrahlt, was uns regelrecht zuruft: „Stop! Du merkst es selber, dass hier etwas nicht stimmt". An diesen Stellen sollen wir graben, so tief, bis wir für uns den persönlichen Wert erkennen, bis wir auf unser persönliches Goldstück stoßen und das oberflächlich Verborgene erkennen.

Die Geheimnisse der Bibel

In der heutigen Zeit erfreuen sich Verschwörungstheorien einer großen Beliebtheit. Sensationsautoren wie etwa Dan Brown erzielen Millionengewinne mit mysteriösen Geschichten rund um Bibel, biblische Personen und die Kirche. Was ist von Meldungen über geheime Botschaften in der Bibel, von Verschwörungen rund um die Kirche und anderen spannenden Romangedanken zu halten?

Nehmen wir beispielsweise Dan Browns aufsehenerregendes Buch: „**The Da Vinci Code**", welches im Jahr 2003 sogar verfilmt wurde und es dem Autor so ermöglichte, seine Theorien einer noch breiteren Öffentlichkeit zugänglich zu machen. Millionen Menschen lasen das Buch, Millionen sahen den Film, der spannend und mysteriös inszeniert ist. Dan Brown beschreibt, welche Botschaften in dem Bild „Das letzte Abendmahl" des Malers Leonardo da Vinci zu finden sind. Das Bild zeigt Jesus mit seinen Jüngern beim letzten Abendmahl. Dan Brown bezieht sich auf genau dieses Bild, zeigt angebliche Beweise für seine Theorien über geheime Botschaften in da Vincis Bild auf und versucht damit, die Menschen glauben zu lassen, er habe Recht. Dabei wirkt er in seinem Thriller und dem damit verbundenen Film recht glaubwürdig.

Dan Brown sieht beispielsweise die Figur, die in dem Bild vom Betrachter aus links neben Jesus sitzt als Maria Magdalena an. Das ist jedoch absurd. Es ist vielmehr der Lieblingsjünger Jesu, nämlich Johannes. Er darf in dem Abendmahlbild da Vincis rechts neben Jesus sitzen und nimmt somit den Ehrenplatz zu dessen Rechten ein. In der

Kunst wird der Jünger Johannes oft mit langen Haaren dargestellt, da er als Person mit weiblichen Zügen galt. Daraus zu schließen, dass es sich bei der Figur in dem Bild anstatt um Johannes, in Wirklichkeit um Maria Magdalena handeln soll, ist in diesem Fall wortwörtlich an den Haaren herbeigezogen. Ein weiterer Punkt ist, dass sich Jesus und, so wie es Dan Brown sieht, Maria Magdalena voneinander abwenden und sich zwischen ihnen ein V bildet, wie das Symbol eines Kelches. Der Kelch bzw. Segensbecher des letzten Abendmahls wir häufig als so genannter Heiliger Gral bezeichnet. Daraus schließt Dan Brown, dass der Heilige Gral, dem Wissenschaftler schon seit ewigen Zeiten erfolglos hinterher jagen, der Verweis auf Maria Magdalena ist, die in ihrer Beziehung zu Jesus dabei eine noch wichtigere Rolle einnimmt, als wir es in den vorherigen Kapiteln dieses Buches vermutet haben. Und noch eine dritte Theorie stellt der Autor auf: Wenn man die Figur des Johannes, die Dan Brown als Maria Magdalena ansieht, ausschneidet und zur Rechten Jesu setzt, scheint sich die Figur an Jesus anzulehnen. Suchen Sie einmal nach dem Bild da Vincis und vollziehen Sie die Aussagen Dan Browns nach, sie werden staunen, wie recht der Autor zu haben scheint, ohne zu merken, dass es sich lediglich um Zufälle handelt. Denn wer Besonderheiten in Texten und Bildern sucht, der findet sie auch. Und wer sie dann noch so geschickt als geheime Botschaft verkauft, der ist zugegeben ein sehr guter Schriftsteller. Davon, dass da Vinci solche Botschaften absichtlich in seinem Bild versteckte, kann aber noch lange keine Rede sein, besonders, wenn man sich die Bibelfestigkeit Dan Browns einmal näher betrachtet.

Es finden sich nämlich viele Passagen in Dan Browns Buch die zeigen, dass er sich nicht wirklich gut in der Bibel und im Bezug auf die Person Jesu auskennt. Er ist ein einfacher Schriftsteller, der versucht, durch logisch klingende Codegerüchte spannende Verschwörungstheorien in die Welt zu setzen. Auch wenn wir eine Beziehung zwischen Maria und Jesus nicht ausschließen, vielleicht sogar bejahen können, sind die Argumentationsweisen Dan Browns als reine Fantasien zu deuten. Auch dass Maria und Jesus Kinder gehabt haben sollen, ist allein auf das Gemälde bezogen eine irre und haltlose Behauptung, auch wenn dieser Gedanke nicht allein in Dan Browns Fantasien, sondern auch in anderen Köpfen existiert. Historisch ist dies sehr unwahrscheinlich, was dem Autor bei näherer Auseinandersetzung mit den Evangelien hätte auffallen müssen. Kinder Jesu wären in den Evangelien auf jeden Fall erwähnt worden und auch sonst finden sich in biblischen und außerbiblischen Schriften keinerlei Hinweise für eine solche Behauptung.

Das Buch und der Film erzählen also ein spannend gestaltetes Märchen, ohne jeden haltbaren Bezug zur Wahrheit. Damit provoziert Dan Brown massiv die Kirche und insbesondere das Christentum, worin wohl auch sein eigentliches Ziel lag. Er wollte sein Buch in den Schlagzeilen sehen, was er auch mehr als zufriedenstellend schaffte. Doch müssen seine Thesen nur logisch überdacht werden, um sie als unglaubwürdig anzusehen. Neben den oben genannten Relativierungen der Aussagen Dan Browns, muss auch noch etwas anderes in Betracht gezogen werden: Da Vinci lebte 1452-1519 und wusste somit wohl nicht wirklich viel über den historischen Jesus. Erst in den letzten Jahren der Gegenwart wurde verstärkt versucht, den historischen Jesus zu rekonstruieren. Zur Zeit da Vincis war nur wenig von der Historizität der Evangelien bekannt, sodass der Maler kein weltbewegendes Wissen bezüglich Jesu haben konnte, welches sich in seinen Bildern zu verstecken lohnte. Auch hätte dieses revolutionäre Wissen so exklusiv gewesen sein müssen, dass wir selbst heute, im Zeitalter einer ausgeprägten Jesusforschung, noch ganz neue Erkenntnisse aus dem Bild vom letzten Abendmahl gewinnen könnten, wie es bei den Auslegungen Dan Browns zu sein scheint. Äußerst unwahrscheinlich.

Doch nicht nur Dan Brown, sondern auch einige Wissenschaftler versuchen, der Bibel mehr Informationen abzugewinnen, als wirklich in ihr stecken. Das Alte Testament soll demnach Hinweise verstecken, so genannte **Codes**, die auf verschiedene Ereignisse unserer Zeit hinweisen: z. B.: das Kennedy-Attentat, den Golfkrieg und den Anschlag auf das World Trade Center. Wie sehen solche Codes aus? Als Grundlage für die versteckten Botschaften gilt die hebräische Bibel, genauer gesagt die Thora, also die fünf Bücher Mose (Genesis, Exodus, Levitikus, Numeri, Deuteronomium). Der darin enthaltene Text muss aneinandergereiht und ohne Absätze und Überschriften dargestellt sein. Wenn man dann anhand verschiedener Zahlenschlüssel Buchstaben überspringt, könne man unterschiedliche Prophezeiungen herausfiltern, so einige Wissenschaftler. Zufall oder Code? Es wurde zum Beispiel aus dem hebräischen Originaltext der Genesis genau jeder 50. Buchstabe herausgeschrieben. Hatte man dies getan, so kam an einer Stelle das Wort „Thora" zum Vorschein. An einer anderen Stelle findet man, wenn man drei verschiedene Codeverfahren anwendet, die relativ nahe zusammenliegenden Wörter „Zwillinge", „Türme" und „Flugzeug". Ein zweitausend Jahre alter Hinweis auf die Anschläge des 11. September 2001, bei denen tausende Menschen ihr Leben lassen mussten, als zwei Flugzeuge in die beiden Türme des World Trade Center in New York flogen? Es gibt viele Möglichkeiten, oft auf mathematischen Berechnungen beruhend, Botschaften aus der Bibel zu lesen. Für mich beruhen diese Phänomene, wie auch die Erklärung bezüglich des berühmten „Da Vinci- Code" auf reinen Zufällen und statistischen Effekten. Es gibt spezielle Software, die solche angeblichen Wort-Codierungen herausfiltern kann. Dann findet man wohl in jedem Buch solche vermeidlich versteckten Botschaften, wenn man nur lange genug danach sucht. Und tatsächlich haben Wissenschaftler ironischerweise auch in vielen anderen Büchern solche „Codes" finden können, die allein auf dem Prinzip des Zufalls beruhen.

Es wäre an dieser Stelle zu viel, jede einzelne Verschwörungstheorie aufzuführen und zu untersuchen. Denn das Ergebnis dieser Untersuchungen werde wohl immer das gleiche sein, nämlich dass es sich um eine Verschwörungstheorie handelt, die allein auf statistischen Zufällen oder unsinniger Interpretationsweisen basiert. Auch hier ist wieder zu beachten: Je absurder die These, desto spannender, aber zugleich auch unwahrscheinlicher ist sie. Deshalb gilt auch hier wieder der Appell sich seines Verstandes zu bedienen und nicht alles zu glauben, was

Autoren und Wissenschaftler behaupten, auch wenn es noch so logisch erscheint.

Die Evangelien und der Glaube

Jesus war uns Vorbild, indem er nicht nur an Gott glaubte, sondern diesen Glauben auch intensiv lebte, wie es Gott von uns verlangt. Er hat den Glauben, den er predigte, verstanden. So kann die Bibel in der heutigen Zeit ein Lehrbuch dafür sein, wie man Glauben wirklich vollziehen kann. Es ist nicht nötig, sich an feste Strukturen zu binden, um seinen Glauben gut leben zu können. Denn es ist nicht derjenige „gläubiger", der sich fundamentalistisch an Riten und Gebräuche hält, sondern der, der seinen eigenen, für sich persönlich sinnvollsten Weg findet. Jesus hat sich für andere Menschen hingegeben und fordert auch uns zu einer solchen Hingabe auf. Er appelliert an uns, andere Menschen zu trösten, ihnen zu helfen und sogar sie zu heilen, insofern uns dies möglich ist. Es gibt viele Menschen, die Hilfe und vor allem Zuwendung brauchen, die wir ihnen durch unsere Liebe zum Nächsten geben können. Das ist das, was Gott fordert und was Jesus so einzigartig umgesetzt hat. Wenn wir auf die Einsamen und Missachteten zugehen, mit ihnen reden, ihnen zuhören und ihnen Mut zusprechen, dann können auch wir Wunder bewirken, wie es Jesus tat. Wir brauchen dazu nicht über einen See laufen zu können oder den Zauberkasten aus der Ecke zu kramen. Wenn wir nur einmal einer alten Person helfen, unbeschadet über die Straße zu gelangen, dann handeln wir in dem Moment nach Jesu Willen. Wenn wir nicht nur reden und beten, sondern auch handeln, dann erkennen wir das verheißene Reich Gottes. Das ist die Nachfolge, die Jesus uns aufgetragen hat! Wenn wir so im Sinne der Nächstenliebe handeln, dann werden wir seine Nachfolger und somit in gewisser Weise selbst ein Jesus in unserer Zeit.

Heute ist es schwer zu glauben. Die Schnelllebigkeit der modernen Gesellschaft und die allgegenwärtige Frage nach dem Nutzen bestimmter Dinge lässt keinen Platz mehr für einen Gott, der nicht sofort heilt oder augenblicklich die leere Geldbörse füllt. Es geht der wahre Glaube und das Vertrauen durch unsere eigene Ungeduld verloren. Kirche ist unter Jugendlichen meist „out", also veraltet und langweilig. Diese Einstellung wird ihnen auch oft schon von ihren Eltern vermittelt. Dabei geht die Glaubensperspektive immer mehr verloren, die eben nicht nur aus Gottesdienstbesuchen und Gebeten besteht, sondern aus dem bereits erwähnten Handeln an anderen Personen, dem Helfen, dem Verstehen.

Der Abfall vom Glauben beruht nicht allein darauf, dass Glaube unmodern ist, sondern darauf, dass der Glaube vor allem auf einem falschen Fundament errichtet wurde, was nun regelrecht einzustürzen droht. Durch die Missverständnisse der evangeliaren Botschaft hat sich eine Distanzhaltung zur Bibel aufgebaut, die viele Menschen darin begründen, dass sowieso alles unsinnig ist, was in den Evangelien steht. Diese Unsinnigkeit ist dabei noch nicht einmal abzustreiten. Sie besteht allerdings nur aus dem falschen Verständnis der Botschaft. Ziel muss es deshalb sein, den Glauben nicht komplett abstürzen zu lassen, sondern ihn aufzufangen und ihn auf einem neuen, sicheren Untergrund zu setzen. Gegen die Enttäuschung der Menschen über die vielen Unwahrheiten der Vergangenheit gibt es nur ein Mittel: die Wahrheit, auf der sich der Glaube neu aufbauen kann und die diesem zu einer neuen Attraktivität verhelfen kann.

Erklärungen:

Apokryph: Apokryphe Schriften sind die Texte, die nicht in die Bibel aufgenommen wurden. Dies hatte verschiedene Gründe: Entweder waren sie nicht bekannt bzw. noch nicht entstanden, passten inhaltlich nicht in den Kanon der Heiligen Schrift oder waren religionspolitisch bedenklich. Es fand also eine Auswahl der Texte statt, die in die Bibel aufgenommen wurden. Daher sind die Texte, die nicht ihren Weg in die Bibel gefunden haben besonders interessant, weil sie oft andere Sichtweisen, ja sogar ganz neue Hinweise auf das Leben Jesu geben und viele neue Geschichten liefern.

Heiliger Gral: Legende um einen rätselhaften christlichen Gegenstand in welchem Mysterien symbolisiert sind, der jedoch den ungläubigen Menschen nicht zugänglich ist. Die Legende entstand im Mittelalter im Zusammenhang mit der Artussage. Welcher Gegenstand genau mit dem Heiligen Gral verbunden werden kann ist ungewiss, der Verweis auf ein Trinkgefäß oder ähnliches ist am denkbarsten. Aber auch im Zusammenhang mit anderen Gegenständen, Gesten etc. wird oft auf den Heiligen Gral verwiesen. Besonders im Bereich alter und moderner mythischer Romane findet man den Begriff gelegentlich.

Judenchristen: Judenchristen waren zum Christentum übergegangene Juden, die teilweise auch versuchten ihre alten jüdischen Sitten und Bräuche im Christentum weiterhin zu etablieren.

Kanon: Ein Kanon ist in der Religionswissenschaft die Zusammenstellung religiöser Schriften wie beispielsweise in der Bibel. Bezüglich der Bibel spricht man von dem so genannten Bibel-Kanon. Die Kanonisierung ist die Aufnahme einer religiösen Schrift in eine bestimmte Zusammenstellung von Schriften.

Rezipient: Rezipienten sind Empfänger in einem Kommunikationsprozess, also Menschen, die Texte, Musikstücke, Filme etc. hören oder sehen. Jeder Leser eines Textes oder Hörer eines Musikstücks ist also ein Rezipient.

Sondergut: Innerhalb der Zweiquellentheorie (s.u.) werden die verschiedenen Quellen der Evangelisten bei der Entstehung der Evangelien aufgeführt. Jeder Evangelist hatte auch ein so genanntes Sondergut. Dieses waren Texte etc. die nur ihm und keinem anderen Evangelisten als Quelle vorlagen.

Synoptiker: Die Evangelisten Markus, Matthäus und Lukas werden als Synoptiker bezeichnet, weil sich ihre Evangelien sehr stark ähneln. Sie greifen nachweisbar auf weitestgehend gleiche Quellen zurück und sind teilweise sogar in ihrem Wortlaut auffallend identisch. Bei einer Synopse werden zwei oder drei der synoptischen Evangelien nebeneinander abgedruckt, um Gemeinsamkeiten und Unterschiede besser nachvollziehen zu können.

Tempeljungfrau: Mädchen dienten in verschiedenen Arten in Tempeln und wurde dort für den Glauben aufgezogen. Mit dem Einsetzen der ersten Regelblutung wurde eine Tempeljungfrau aus ihrem Dienst entlassen und mit einem Mann vermählt. Bei der biblischen Maria wurde Joseph auserwählt. Nach Aussagen des Jakobusevangeliums war Maria zu dieser Zeit noch sehr jung und unaufgeklärt. Joseph macht in dem Evangelium sogar deutlich, dass Maria genauso gut seine Tochter sein könnte (Jakobusevangelium 17,1). Der Altersunterschied muss also enorm gewesen sein.

Zweiquellentheorie:

Die Zweiquellentheorie besagt, dass Matthäus und Lukas sowohl das Markusevangelium, als auch eine unbekannte Quelle Q als gemeinsame Vorlage für ihr Evangelium hatten. Zusätzlich besaßen Matthäus und Lukas jeweils noch unterschiedliches Sondergut.

Rekonstruktionsversuch eines Steckbriefes Jesu:

Geboren:	Im Jahre 04 v. Chr. in Nazareth
Gestorben:	07.04.30 n. Chr. in Jerusalem (gekreuzigt)
Familienstand:	Leiert mit Maria aus Magdala (keine Kinder)
Staatsangehörigkeit	jüdisch
Beruf:	Tekton (Bauhandwerker)
Vater:	Joseph (Tekton)
Mutter:	Miriam (Hausfrau)
Geschwister:	Jakob, Simeon, Joseph, Judas, vermutlich auch Schwestern
Hobbys:	Gebet, alte religiöse Schriften, Freunde, Feste
Fähigkeiten:	Zuhören können, heilen können
Verurteilt wegen:	Provokation eines Aufstandes
Verurteilt von:	Pontius Pilatus

Literaturverzeichnis

Alexander, David; Alexander, Pat: Das große Handbuch zur Bibel (2. Auflage), Wuppertal, Brockhaus-Verlag 2001.

Brockhaus Verlag (Hrsg.): Bilder-Conversations-Lexikon für das deutsche Volk: Ein Handbuch zur Verbreitung gemeinnütziger Kentnisse und zur Unterhaltung (Band 2; 1. Auflage), Leipzig, F. A. Brockhaus 1838.

Bruce, Frederick F.: Außerbiblische Zeugnisse über Jesus und das frühe Christentum (2. überarbeitete Auflage), Gießen, Brunnen-Verlag 1992.

Bultmann, Rudolf; Theissen, Gerd: Die Geschichte der synoptischen Tradition - Ergänzungsheft (5. Auflage), Göttingen, Vandenhoeck & Ruprecht 1979.

Diehle, Albrecht: Tacitus und der Jüngere Plinius, in: Diehle, Albrecht (Hrsg.): Die griechische und lateinische Literatur der Kaiserzeit - von Augustus bis Justinian, München, Beck 1989.

Dietrich, Walter / Stegemann, Wolfgang: Biblische Enzyklopädie - Jesus und seine Zeit (Band 10), Stuttgart, Kohlhammer 2009.

Fieger, Michael: Das Thomasevangelium, Münster, Aschendorff 1991.

Garske, Volker: Ein Fach Religion – Der Seewandel Jesu, Braunschweig – Paderborn – Darmstadt, Westermann Schroedel Diesterweg Schöningh Winklers GmbH 2008.

Heiligenthal, Roman: Der Lebensweg Jesu von Nazareth, Stuttgart [u. a.], Kohlhammer 1994.

Hetmann, Frederik: Jesus- ein Mann aus Nazareth, München, Bertelsmann Verlag 1982.

Katholische Bibelanstalt: Einheitsübersetzung der Heiligen Schrift, Stuttgart 1980.

Klausnitzer, Wolfgang: Jesus von Nazaret, Regensburg, Pustet 2001.

Lorber, Jakob: Kindheit und Jugend Jesu (12. Auflage), Bietigheim, Lorber-Verlag 1996.

Pagels, Elaine H.: Das Geheimnis des fünften Evangeliums – Warum die Bibel nur die halbe Wahrheit sagt, München, Beck-Verlag 2004.

Ratzinger, Ratzinger: Einführung in das Christentum, München, Kösel-Verlag 1968.

Reinbold, Wolfgang: Der Prozess Jesu, Göttingen, Vandenhoeck & Ruprecht 2006.

Robinson, James M.: Jesus und die Suche nach dem ursprünglichen Evangelium, Göttingen, Vandenhoeck & Ruprecht 2005.

Roloff, Jürgen: Jesus (3. Auflage), München, Verlag C.H. Beck 2000.

Schrage, Wolfgang: Das Verhältnis des Thomasevangeliums zur synoptischen Tradition und zu den koptischen Evangelienübersetzungen, Berlin, Töpelmann-Verlag 1964.

Siegert, Volker:: Zwischen hebräischer Bibel und Altem Testament, Münster, Lit 2001.

Thiede, Carsten: Der unbequeme Messias- Wer Jesus wirklich war (2. Auflage), Basel, Brunnen-Verlag 2006.

Werner, Roland; Baltes, Guido: Faszination Jesus – Was wir wirklich von Jesus wissen können, Neukirchen-Vluyn, Aussaat-Verlag 1992.

Worm, Alfred: Jesus Christus - die Wahrheit über den "wahren" Menschen (3. erweiterte Auflage), Wien, Ed. Va bene 1992.

Wright, George Ernest: Biblische Archäologie, Göttingen , Vandenhoeck & Ruprecht, 1958.

Ziegler, Konrat (Hrsg.): Paulys Realencyclopädie der classischen Altertumswissenschaft, Supplementband XI, Stuttgart, Druckenmüller 1968.

Internetquellen:

http://religion.orf.at/projekt03/religionen/christentum/Feste/ch_fe_epip hanie_fr.htm (21.09.2008)

http://www.nikodemus.net/1433?page=2&PHPSESSID=1ad1b9582f60c4 56688a (22.09.2008)

http://lexikon.meyers.de (22.09.2008)

http://www.bibleserver.com/index.php (06.10.2008)

http://www.heiligenlexikon.de/BiographienD/Dionysius_Exiguus.html (06.07.2011)

http://www.heiligenlexikon.de/BiographienM/Maria.htm (28.09.2008)

http://www.fb1.uni-siegen.de/antiketexte/ausser/6.html (06.10.2008)

http://www.jesus-christus.at/JC_1000.htm (06.08.2008)

http://www.uni-leipzig.de/journal/heft799/t7.htm (12.10.2008)

http://religion.orf.at/projekt03/religionen/christentum/Feste/ch_fe_weih nachten_fr.htm (01.11.2008)

http://www.weltchronik.de/bio/cethegus/j/josephus.html (03.01.2011) http://www.theoblog.de/machte-ein-ubersetzungsfehler-maria-zur-jungfrau/2510/ (12.01.2011)

http://www.religion-ethik.de/jesus-christus/pilgern-stationen-leben-jesu.html (21.12.2010)

http://www.spiegel.de/wissenschaft/mensch/0,1518,507416,00.html (12.01.2011)

http://www.theologie-kueppers.de/Jestod.htm#02 (03.01.2011)

http://web.utanet.at/mahain/Turiner_Grabtuch.htm (06.07.2011)